KB054365

포에버 데이 원

위기 때 더 강한 아마존 초격차 시스템

포에버 데이 원

램 차란, 줄리아 양 지음

박남규 감수 | 고영훈 옮김

매일경제신문사

이 책의 효과에 대한
놀라운 증언들

모든 일이 고객에서 시작되어 고객으로 끝나는 회사. 하루하루를 'Day 1'으로 시작하는 설렘과 생동감이 충만한 조직. 아마존의 이러한 조직문화는 오늘날과 같은 격변의 시대에서 살아남기 위해 스타트업이든 대기업이든 가릴 것 없이 흔들리지 않고 지켜내야 할 경영의 근본이라고 생각한다. 지금의 글로벌 대기업들도 처음에는 아마존과 같은 문화를 가지고 있었고 그것이 성장의 원동력이 되었을 것이다. 하지만 기업이 성장하면 어느 순간 '대기업 병'에 걸리게 되고 스스로 위기를 초래하게 된다. 이 책을 통해 창업기의 건강한 조직문화를 되살리고 유지하는 일이 얼마나 중요하고 그것을 어떻게 구체적으로 실행해야 하는지에 대해 배울 수 있어 감사했다.

- 정의선, 현대차그룹 수석부회장

아마존의 성장세는 혁명적이다. 유통업의 판도를 송두리째 바꿔놓은 그 비결은 바로 촘촘하게 짜인 6가지 경영관리시스템이다. 특히 영원히 첫날의 초심을 지키자는 '포에버 데이 원' 문화는 아마존이 지난 25년 동안 끊임없이 날아오를 수 있었던 동력이다. 이 책에 그 놀라운 과정이 고스란히 담겨 있다.

- 김난도, 서울대학교 교수,《트렌드 코리아 시리즈》저자

'성장은 결코 우연히 발생하지 않는다!' 내가 12년간 아마존에서 목격한 가장 큰 깨달음이다. 역사상 가장 성공적인 기업의 비밀을 현존하는 최고 컨설턴트의 눈으로 낱낱이 해부하고 정리한 이 책은 디지털 시대에 새로운 첫발을 내딛는 모든 이에게 값을 매길 수 없는 가치를 선물할 것이다.

- 박정준, 샤인플로우 대표,《나는 아마존에서 미래를 다녔다》저자

램 차란은 의미 없는 현상들 중에서 가장 성공적인 비결을 찾아내고, 다른 사람의 자존심을 상하지 않게 조용하면서도 효과적으로 전달하는 탁월한 능력이 있다.

- 잭 웰치, 전 제너럴 일렉트릭 회장

램 차란은 현존하는 가장 영향력 있는 컨설턴트다.

- 〈포춘〉

램 차란이 또 한 권의 멋진 책을 펴냈다. 그는 아마존처럼 엄청나게 크고 복잡한 회사의 핵심 운영 비법을 짧은 책 한 권으로 요약하

는 마법 같은 능력을 보여주었다.

- 조니 테일러, 미국 인력관리협회 사장 겸 CEO

램 차란은 컨설팅을 통해서 수많은 기업들의 경영시스템을 연구해 왔다. 이 책을 통해 아마존의 독보적인 성공 비결을 이해하고 나면, 수많은 독자들과 경영자들이 아마존의 경영관리시스템을 벤치마킹하려고 할 것이다.

- 래리 보시디, 하니웰 전 CEO, 베스트셀러 《실행에 집중하라》 공동저자

램 차란과 줄리아 양은 세상에서 가장 성공적인 회사의 경영 비밀을 밝혀냈다. 이렇게 놀라운 책은 누구라도 한 번쯤 꼭 읽어야 할 것이다.

- 지오프 콜빈, 베스트셀러 작가이자 〈포춘〉 수석편집인

아마존은 끊임없이 파괴적 혁신을 쏟아내며 독보적인 경쟁우위를 창조하고 있다. 짧지만 강력한 이 한 권의 책이 밝혀낸 아마존의 경영관리시스템을 통해 아마존처럼 성공하기를 바란다.

- 찰린 리, 포레스터 리서치 애널리스트, 베스트셀러 《파괴적 사고》 저자

아마존이 보여준 놀라운 성공은 새로운 조직을 창조하기 위해 수많은 기업들이 연구해야 할 최고의 사례다. 램 차란은 어떤 조직이라도 당장 활용할 수 있는 아마존의 6가지 성공법칙을 분석했다. 이

책은 효과적인 조직을 만들고자 하는 사람들을 위한 최고의 교과서가 될 것이다.

- 데이브 얼리치, 미시간대 경영대학원 교수, 《조직을 재발명하라》 공동저자

핵심만 요약한 이 짧은 책을 읽다가 잠시 멈춰서, 우리 회사의 경영시스템을 되짚어보고 바꿔야 할 것이 무엇인지 생각했다. 데이터, 머신러닝, 현금흐름, 채용, 고객에 대한 집착 등 아마존은 우리가 배워야 할 최고의 경영기법을 보여주고 있으며, 이 책은 이를 아주 간단명료하게 가이드해주고 있다.

- 마이클 J. 그래프, 아메리칸 에어리퀴드 회장 겸 CEO

램 차란은 나의 비밀병기다.

- 이반 세이덴버그, 전 버라이즌 CEO

램 차란은 양심을 비춰주는 거울 같은 존재다.

- 존 리드, 전 씨티코프 CEO

전혀 생각하지 못한
경영 아이디어를 얻게 될 것이다

　디지털 시대에 필요한 새로운 사고와 경영관리 방식은 과연 어떤
것일까? 이 책은 세계 최고 기업인 아마존의 경영관리시스템과 함
께, 특히 가장 중요한 6가지 경영원칙을 체계적으로 분석하였다. 저
자들은 이 책을 저술하기 위해 아마존에 대해 공개된 다양한 자료,
전현직 아마존 임원들과의 인터뷰, 제프 베조스가 주주들에게 보낸
서신, 기타 자료 등을 활용해 연구하였다. 저자는 다양한 컨설팅 고
객들에게 아마존의 방식과 모범 사례들을 전파하였고, 그 결과 그
들은 매우 유용하고 효과적인 성과를 거둘 수 있었다. 당신에게 "아
마존과 똑같이 하라"고 제안하는 것이 아니다. 아마존의 경영관리
시스템이 어떻게 작동하는지 충분히 이해함으로써 당신의 회사에
가장 적합한 경영방식을 찾고 새로운 영감을 주길 바라고 있다.
　이 책을 읽으며 배운 바를 다양한 방식으로 당신 회사와 연결시
켜 보면, 본인이 아예 생각하지도 못했던 아주 실용적이고 유용한
아이디어를 얻게 될 것이다.

한국 독자가 아마존에서
배워야 할 것들

    그 어떤 기업과 산업, 국가도 인공지능, 머신러닝, 새로이 등장하는 소프트웨어 언어들의 강력한 영향에서 벗어날 수 없다. 이에 빠르게 적응하는 기업들은 새로운 미래를 창조하며 막대한 수익을 얻을 것이다. 하지만 대응에 미온적인 기업들은 돌이킬 수 없는 치명타를 겪게 될 것이다.

    1763년, 토머스 베이즈 목사가 현재 대부분의 디지털 플랫폼이 예측을 위해 사용하는 첫 번째 수학적 도구를 만들어 낸 이후, 이는 지난 수백 년 동안 활용되어왔다. 시간이 흘러 2000년대 초에는 약 1,200개의 알고리즘이 우주 발사, 전쟁, 주식 거래, 항공 스케줄링에 사용되었다. 대부분의 알고리즘은 무료 또는 유료 라이센스로 다운로드되어 사용되고 있다.

    제프 베조스는 알고리즘이라는 이 강력한 도구를 사용해, 소비자들이 상상할 수 있는 것보다 더 저렴하면서도 질 좋은 제품과 서비스를 72억 명의 전 세계인들에게 빠르게 제공할 방법을 모색했다.

그는 이러한 비전으로 아마존을 창업해 고객과 최종 사용자의 '엔드투엔드 고객경험'을 변화시켰다.

과거 베조스는 프린스턴대 졸업 후 이 알고리즘들을 주식 거래에도 사용한 바 있다. 이를 통해 월 스트리트에서 수백만 달러를 번 콜롬비아대 교수 출신 데이브 쇼의 헤지펀드 회사에서 부사장으로 함께 일했다. 그와 함께 성장 가능성이 큰 인터넷 사업 아이디어를 구상하던 베조스는 회사를 나와 직접 사업을 일으키기로 결심하게 된다.

디지털 도구와 지칠 줄 모르는 의욕으로 무장한 베조스는 새로운 형태의 사업을 만들어내기 위해 경험 많은 인재들이 필요했다. 그래서 그는 GE, 허니웰, 도요타, 월마트 등으로부터 경험이 풍부한 인재들을 영입했다.

현재 아마존의 시장가치를 1조 5,000억 달러까지 끌어올릴 정도로 성공하게 된 비결은 과연 무엇일까? 내가 경영 컨설팅을 하고 있는 고객들은 종종 '아마존의 의사결정 비결'에 대해 내게 질문하곤 했다. 그에 대한 답을 하는 가운데 이 책을 집필하기에 이르렀다. 디지털 도구를 사용해 어느 기업보다 앞서는 디지털화를 구축한 것도 큰 역할을 했지만, 베조스의 천재성은 무엇보다 그의 영리한 사업 감각에 있다.

첫째, 그는 '엔드투엔드 고객경험'에 최우선으로 집중하고 있다. 이러한 집중이 초기에는 비용을 잡아먹으며 수익성을 현저히 떨어뜨림에도 불구하고 말이다. 둘째, 주당 순이익이 아니라 주당 현금

흐름을 기준으로 회사를 경영한다. 셋째, 초기부터 사업이 성장함에 따라 현금 창출에 주력했다. '수확 체증의 법칙'을 대규모로 적용한 것이 그가 처음이었다. 넷째, 그는 "매일이 첫날이다Forever Day 1"라는 신념을 지킨다. 베조스는 끊임없이 새로운 것을 찾으며 미래를 창조해가고 있다.

이것은 아마존의 성공 비결 중 몇 가지일 뿐이다. 더 자세한 내용이 이 책에 소개되어 있다. 짧고 읽기 쉬운 이 책을 읽는 가운데 독자 본인에게 도움이 되는 내용을 발견했다면 잠시 멈춰 생각해 보는 시간을 가지길 바란다. 특히 아마존의 경영 전략들은 빠른 속도로 디지털화에 대응하고 있는 한국의 경영자와 관리자들에게 매우 의미 있는 인사이트를 던져줄 것이다. 코로나19 사태로 전 세계 공급망이 무너지고 고객의 니즈와 기대가 급속도로 변화하고 있는 이 시기에, 어떤 방법으로 디지털 우위를 점할 수 있을까? 이미 한국은 가전, 건설, 자동차, 수출에서 높은 경쟁력을 가진 국가가 되었다. 그리고 지금은 한국이 디지털 시대를 선도해나가야 할 때다.

램과 줄리아로부터

| CONTENTS |

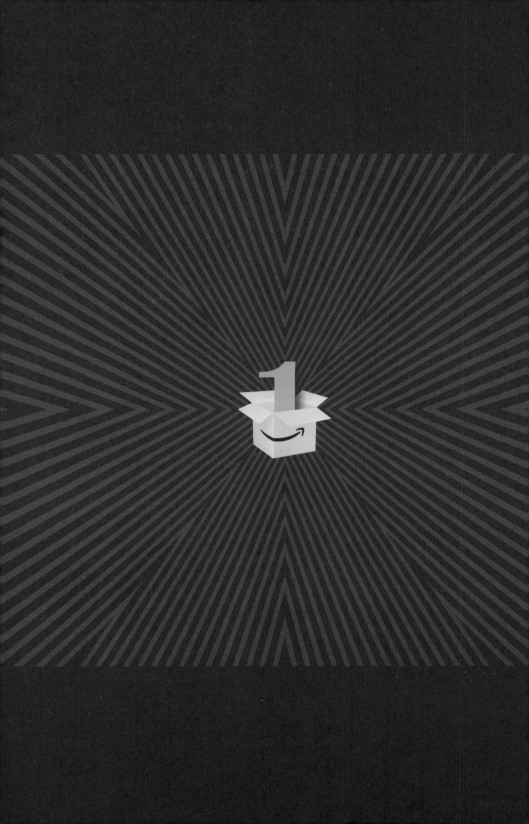

경이적이다.

워런 버핏, CNN과 인터뷰에서 아마존을 거론하며

FOREVER
DAY 1

지금 당장 이 책을
읽어야 하는 이유

왜 지금인가?

21세기 대부분의 경영관리시스템은 군대와 교회 등 가장 오래된 형태의 조직으로부터 발전되어 온 것이다. 이러한 전통적 경영관리시스템은 인터넷과 스마트폰은 물론 빅데이터, 알고리즘, AI 등 다양한 형태의 디지털 기술들이 없던 시대에 획일적인 지휘와 통제를 목적으로 만들어졌고, 소수의 관리자들이 수많은 직원들을 감독해야 하는 상황에서 유일한 대안이었다. 군대와 교회는 기능별 조직으로 구성되어 있고, 수많은 계층 구조로 이루어져 있었다. 군대와 교회의 관리시스템을 모방한 기업들 역시 비슷한 구조를 가지게 되었다.

그러던 중 기업의 경영관리시스템에 중요한 혁신이 일어났다. 듀폰의 피에르 듀폰과 제너럴 모터스의 알프레드 슬론이 1920년대에 사업부제 조직divisional structure을 처음으로 만든 것이다. 이후 1960년대

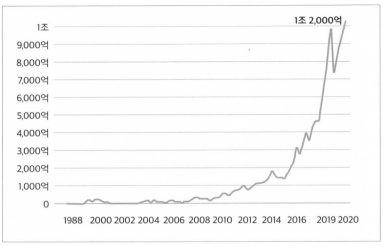

아마존 시장가치　　　　　　　　　　　　　　　(단위: 미국 달러)

1조 2,000억

1조
9,000억
8,000억
7,000억
6,000억
5,000억
4,000억
3,000억
2,000억
1,000억
0

1988 2000 2002 2004 2006 2008 2010 2012 2014 2016 2019 2020

출처 : 블룸버그

에 매트릭스 조직이 세계 시장과 글로벌 공급망에 대처하기 위해 생겨났다. 하지만 기업이 빠른 속도로 성장하면서 계층 구조의 수가 증가하고, 관료주의가 지나치게 심화되며 기업의 의사결정 속도는 오히려 둔화되었다.

1980년대에 제너럴 일렉트릭의 잭 웰치는 운영시스템 개념을 고안해 냈다. 하지만 잭 웰치가 고안한 운영시스템 역시 실행의 강도는 높아졌지만 여전히 계층 구조의 수가 많았고, 관료주의적 비능률이 팽배했다. 또한 의사결정은 느리고, 제조사와 최종 사용자 사이의 거리 역시 여전히 멀었다.

더욱이 이러한 경영관리시스템은 가장 중요한 '고객'을 위한 혁

아마존 매출액

(단위 : 미국 달러)

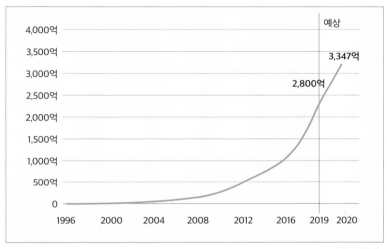

예상

4,000억
3,500억
3,000억 — 3,347억
2,500억 — 2,800억
2,000억
1,500억
1,000억
500억
0

1996   2000   2004   2008   2012   2016   2019   2020

출처 : 블룸버그

신에 초점을 맞추지 않았다. 기업 리더들은 GDP 성장률보다 약간 높은 수준으로 점진적인 성장을 이루었고, 주요 경쟁사들에 맞서 시장 점유율을 확보하며, 여기저기서 모범경영 사례를 벤치마킹하는 정도에 머물러 있었다.

이처럼 전통적인 경영관리 방식은 새로운 디지털 시대에 전혀 적합하지 않은, 낡은 방식으로 전락하고 말았다. 아마존의 혁신적인 경영시스템은 우리에게 이러한 전통적 경영관리 방식이 상당히 낡았음을 극명하게 깨닫게 해주는 대표적인 사례 중 하나다.

왜 아마존인가?

아마존의 창업자 겸 최고경영자 제프 베조스와 같은 디지털 시대 선구자들은 과거의 전통적인 리더십 모델을 통째로 흔들어 놓았다. 특히 다가오는 디지털 시대에 사용가능한 수많은 디지털 도구들을 활용해 기존 경영관리시스템을 혁신적으로 재창조하겠다는 의지를 아마존보다 더 강력하게 가지고 있는 기업은 없을 것이다.

아마존의 경영관리시스템은 대단히 혁신적이다. 질적으로 좋으면서도 가격은 저렴하며, 서비스 처리 속도는 더욱 빠르고 편리한 '완전히 혁신적인 고객 경험'을 가능하게 만든다. 고객을 위해 끊임없이 발명하고 새로운 비즈니스를 창출하며 기존 생태계를 계속해서 확장하고 있다. 더욱 중요한 점은 아마존의 혁신적인 경영관리시스템이 매출 총이익과 현금 흐름을 꾸준히 증가시켜, 궁극적으로 기술 인프라와 새로운 혁신을 위한 투자를 지속 가능하게 한다는 것이다. 결과적으로 고객들에게는 최고의 고객 경험 가치를 제공하고, 주주들에게는 세계 최고의 투자 수익을 만들어 주고 있다. 전설적인 투자자 워런 버핏은 CNN과의 인터뷰에서 아마존을 "경이적이다"라고 극찬하기도 했다.

아마존의 경영관리시스템을 구성하는 6가지 핵심 원칙

아마존이 모든 사업에 대해 기울이는 노력의 중심에는 6가지로 이루어진 디지털 엔진 '아마존 경영관리시스템'이 있다. 매년 아마존이 기록적인 매출액을 달성하는 데 큰 역할을 하고 있는 경영기법이다. 이는 디지털 시대에 아마존이 무한히 펼쳐진 하늘을 향해 지속적으로 성장하고 끊임없이 새로운 사업을 개척하는 원동력이 되고 있다. 아마존 경영관리시스템은 다음의 6가지 방법으로 디지털 시대 새 영역을 개척하고 있다.

경영원칙 1 - 고객 집착 비즈니스 모델

대부분의 회사들은 "고객이 최우선이다"라고 선언하지만, 실제 기업을 운영하는 과정에서는 이러한 처음의 약속을 지키지 않는 경우가 상당히 많다. 고객 중심이 아닌 타 경쟁사와의 경쟁을 중심으로 움직이는 경우가 훨씬 많다. 어떤 기업들은 주당순이익이라는 숫자를 중심으로 분기별 재무실적에 집중한다. 이는 해당 기업의 주가가 자본시장의 분기별 단기 리듬에 맞춰 춤을 추게 하는 원인이 된다.

이와 반대로 아마존의 비즈니스 모델은 가장 중요한 고객에 대한 집착customer-obsessed (아마존은 '집착'이라 표현할 정도로 고객 중심 경영을 강조한다. 이 책에서는 정확한 의미 전달을 위해 '집착'이란 표현을 그대로 사용하였다-편집자)을 기반으로 플랫폼, 생태계, 인프라라는 새로운 비즈니스 개념들을 만들었다. 그 결과 전통적인 수확체감의 법칙(생산요소 투입이 일정 수준을 넘으면 투입에 따르는 한계생산성이 상대적으로 줄어듦) 마저 무너뜨리고, 이제까지 그 어떤 기업들도 쉽게 달성하지 못했던 현금 흐름 성장과 높은 투자 수익률을 만들었다.

경영원칙 2 - 지속적으로 인재의 기준치를 높여주는 인재풀

대부분의 전통적인 회사들이 인재를 채용, 육성, 유지하는 데 막대한 돈과 노력을 들임도 불구하고, 여전히 좋은 인재를 선발하고 적합한 자리에 배치하는 데 큰 어려움을 겪고 있다. 이런 어려움을 겪는 대다수 회사들은 인재 선발에 대한 구체적인 기준이 없거나, 혹은 있다 해도 사업상 긴박한 상황에서는 해당 기준을 쉽게 포기하는 경우가 많다.

아마존은 자신들이 원하는 인재상을 최대한 세밀하게 정의하고 있으며, 이러한 기준들을 인재 선발에 철저하게 적용하는 엄격한 선발 절차를 가지고 있다. 또한 면접이 끝난 이후에도 면접이 진행된 전체 과정에 대해 철저한 사후 평가를 실시하고, 관련된 내용을 서면으로 기록해 관리한다. 이러한 아마존의 엄격한 채용 과정은 인재풀과 조직의 인재 채용 역량 모두에서 지속적으로 기준을 높이기 위해 의도적으로 설계된 자기강화 메커니즘이라고 할 수 있다.

아마존은 모든 면접에 철저히 훈련된 '바 레이저bar raiser'를 투입한다. 이들은 아마존 직원들의 능력 기준치를 지속적으로 높여 기존

보다 더욱 뛰어난 인재들을 선발하는 프로세스를 수립하는 데 매우 큰 기여를 한다.

경영원칙 3 - AI 기반 데이터 및 측정지표 시스템

대부분의 기업에서는 데이터가 각기 다른 부서, 계층 및 사업부 내에 분산되어 있거나 파편처럼 조각조각 나누어져 있어, 업무 처리에 몇 주 혹은 몇 달 씩 걸리기도 한다. 이런 회사에서는 특정 업무처리 과정 중 전체적인 상황을 이해해야 하는 경우 오랜 시간을 기다리거나 또는 필요한 자료를 모두 수집하기 위해 상당히 많은 노력을 기울여야 한다. 이 경우 여러 부서에 흩어져 있는 중요한 정보를 수집해 전체 그림을 볼 수 있게 하는 프레젠테이션이 필요하다. 이를 준비하는 과정에서 많은 사람들이 좌절감과 고통스러운 경험을 하게 된다.

뿐만 아니라 정기적으로 수행해야 하는 월별 혹은 분기별 검토에도 며칠씩 걸릴 수 있다. 임원진과 부서장들이 수많은 퍼즐의 개별 조각들을 하나씩 살펴봐야 하는데, 회사가 커지면서 직원 수와 계층 수가 증가하면 시간과 에너지의 한계로 인해 적정 '관리의 폭'을 넘어설 수밖에 없다.

아마존은 대다수의 조직에서 발생하는 일상적인 업무를 생산적으로 처리하기 위해서 첨단 기술을 활용한다. 아마존의 데이터 및 측정지표 시스템은 대단히 세밀화되어 있어서, 부서 간 경계와 복잡한 계층 구조라는 장벽을 쉽게 극복한다. 또한 엔드투엔드_{end-to-end}

데이터 투명성을 확보하고, 실시간으로 데이터와 인풋을 추적하기 위해 AI기술을 적극적으로 활용한다. 따라서 아마존의 내외부 활동 모두에 대해 실시간으로 추적, 측정 및 분석하기 때문에 대부분의 일상적인 의사 결정은 자동화할 수 있다. 이상 징후를 최대한 빨리 감지하는 것은 물론이고, 실시간 데이터를 기반으로 다양한 통찰력을 얻을 수 있다.

아마존의 데이터 및 측정지표 시스템은 이와 같은 방식으로 결정된 정보를 제공하고, '개인적인 감독'의 필요성을 현저하게 최소화함으로써 조직 내 불필요한 계층구조를 크게 줄일 수 있게 한다.

경영원칙 4 - 완전히 획기적인 발명 기계

많은 기업들이 아마존보다 훨씬 전에 다양한 혁신을 이뤄냈고, 아마존은 이들 기업이 이룬 혁신을 기반으로 또 다른 성공을 이룩했다. 그런데 과거의 혁신기업들은 한두 번의 운명적인 혁신을 만들어내 성공을 거둔 후 또 다시 획기적인 발명을 창조하는 일에 대해선 소극적으로 변한 경우가 많았다. 기껏해야 작은 개선을 추진하거나 본질과 동떨어진 외부 포장에만 신경 쓰면서 현실에 안주하는 모습을 보이곤 했다.

이와 달리 아마존은 세상을 계속해서 놀라게 만들고 있다. 아마존은 다양한 사업을 운영하지만 그룹 전체가 마치 하나의 발명 기계처럼 움직여 세기적인 발명을 계속하고 있으며, 심지어 그러한 발명의 속도를 끊임없이 가속화하고 있다. 아마존은 이러한 발명을 통해 고객이 완전히 새로운 행동패턴을 경험하게끔 한다. 이는 곧 엄청난 규모의 새 시장과 경제적 기회를 창출하게 된다.

경영원칙 5 - 신속하고 탁월한 의사결정

기존 경영관리시스템의 또 다른 결함은 '의사결정'이다. 의사결정의 속도가 느린 것은 물론이고, 거의 모든 문제에 대해 천편일률적인 의사결정 방법을 사용하는 것은 심각한 비효율을 낳는다. 여러 단계를 통과해야 하는 긴 승인 절차, 부서 간 사내정치와 중상모략, 구성원들의 교묘한 시스템 악용, 데이터 투명성 부족 등은 수많은 의사결정들을 지연시키거나 잘못된 결과를 낳는다. 조직 생활을 하는 많은 사람들은 이미 경험을 통해 이 사실을 잘 알고 있을 것이다.

아마존의 의사결정은 매우 신속하고 탁월하다. 분명한 원칙들과 독특하게 설계된 의사결정 도구들을 효과적으로 적용하고, 이를 조직 전체에 걸쳐 상당히 일관되게 시행한다. 따라서 아마존의 직원들은 의사결정과 관련한 많은 문제들로부터 상당히 자유로워진다.

경영원칙 6 - 영원한 DAY 1 문화

대부분의 전통 기업들은 규모가 커지면서 속도와 민첩성, 활력을 잃게 된다. 이들은 경직되고, 느리고, 가능한 한 위험을 회피하려는 경향이 심하다. 경우에 따라서는 무사안일주의와 관료주의가 스며들게 된다. 기업을 이렇게 경영하면 일부 기업은 잠시나마 존속할 수도 있겠지만, 대부분은 점차 사람들의 기억에서 사라지거나 공격적인 인수합병의 먹이가 될 것이다.

아마존은 해를 거듭할수록 '포에버 데이 원Forever Day 1 (영원히 첫날처럼)' 조직문화를 유지하기 위해 최선을 다하고 있다. 대기업의 규모와 확장성, 스타트업의 속도와 민첩성, 조직 역량의 지속적인 혁신을 결합해 '영원한 Day 1' 조직이 되고자 하는 것이다.

이 책이 당신에게 중요한 이유

모든 리더, 기업가, 관리자, 직원들은 거의 100년 전에 만들어진 기존 경영시스템에 묶여 있어선 안 된다는 사실을 인식해야 한다. 디지털 시대에 살아남고 성공하는 기업이 위해서는 자신에게 가장 잘 맞는 새로운 방법을 배우고 찾아야 한다. 디지털화는 선택이 아닌 필수이기 때문이다.

창립자 및 기업인

앞으로 모든 회사는 디지털화될 것이다. 거의 모든 회사가 자체 플랫폼을 가지게 될 것이며, 다른 회사의 플랫폼과 결합하는 경우도 생길 것이다. 전통적 회사는 물론, 심지어 오랜 역사를 가진 산업 자체도 파괴될 수 있다. 하지만 동시에 디지털 플랫폼이 주도하는 새로운 시장과 엄청난 경제적 기회가 만들어지고 있다. 다가오는 디지털 시대에서 디지털 거인 기업들은 이런 주요 변화들을 주도하고 있다.

한 가지 다행스러운 것은 대부분의 기존 기업들이 아직 디지털화에 대한 본격적인 시동을 걸지 않다는 것이다. 따라서 당신의 회사가 한 발 먼저 디지털화를 향한 여정에 뛰어든다면 경쟁기업들보다 훨씬 앞서갈 가능성이 크다.

기존 방식을 고수하다가 시장에서 사라지는 운명을 맞을지, 아니면 본격적인 디지털화를 선도하여 기하급수적인 미래 가치를 창조할 것인지는 결국 당신의 선택에 달려 있다.

고위 임원

디지털 시대에는 고위 임원들의 직무 내용도 혁신적으로 바뀔 것이다. 부하 직원들을 감독하고, 부하직원이 작성한 보고서를 검토하며, 각종 회의와 위원회에 참석하는 데 대부분의 시간을 보내는 일과는 이제 잊어야 한다. 대신 임원들이 직접 소비자를 연구하면서 그들을 위해 지속적으로 혁신방안을 강구하고 실천하는 것이 디지털 시대 새 직무가 될 것이다. 그러기 위해서는 디지털화한 데이터와 측정지표를 사용해 일상적인 업무를 처리하고, 판단력을 기르며, 탁월한 의사결정을 내리기 위해 노력해야 한다. 또한 더 나은 사용자 환경을 제공하겠다는 명확한 목표를 통해 구체적 성과를 내는 다기능 팀을 만들어 자원을 할당하고, 적시에 방향을 수정하는 최신 방법들을 익혀야 한다.

임원들이 디지털 도구를 사용해 사업, 조직 및 경영시스템을 재창조하고 변화를 이끌어내려면 상상력이 필요하다. 그렇지 못하면 디지털화는 주요 임원들의 지위와 회사를 심각하게 위협하고 결국엔 파산시킬 수도 있을 것이다.

일선 관리자 및 중간 관리자

기존 회사들이 아마존과 같은 디지털 경영 방식을 도입한다면, 대다수 관리자의 직무를 재구성하거나 새로운 역량을 구축해야 할 것이다. 궁극적으로는 기존의 중간 관리자 계층을 없앨 가능성이 크다. 1980년대와 1990년대에 기업들이 경영혁신을 통해 조직을 재설계하고 중복되는 역할을 없앴던 것처럼, 디지털 시대의 기업들은 데이터 분석이라는 필터를 통해 또 다시 경영혁신을 추진하고 있다. 기존 기업이 가지고 있던 7개, 9개, 12개의 계층 구조는 다가오는 미래에 5개, 4개, 3개 이하로 줄어들 것으로 예상된다. 전통적인 중간 관리자들도 이와 비례해 줄어들 것이다.

이러한 미래의 변화는 불가피하다. 저자들이 컨설팅한 전통적 대기업들은 8개의 계층 구조를 3개의 계층 구조로 줄임으로써 전통적인 경쟁사는 물론 디지털화에 뛰어든 다른 경쟁사들까지 빠르게 위협하게 되었다.

그렇지만 벌써 낙담할 필요는 없다. 사실 디지털화는 당신에게 새로운 기회가 될 가능성이 크다. 디지털화를 활용하면 더 빠르게 성장하고 성공할 수 있는 기회가 올 것이다. 디지털 경영관리시스템을 깊이 이해하고, 적극적으로 역량을 쌓아 준비하면 당신은 경영관리 디지털화의 장애물이 되는 것이 아니라, 오히려 촉매제로 작용할 수 있다.

새로운 인재

새로운 인재에게 이보다 더 좋은 시대는 지금껏 없었다. 젊은 인재인 당신이 아마존 경영관리시스템을 이해하면 할수록 더 크게 회사에 기여할 수 있고, 기업에 속해 일하든 스스로 창업하든 당신이 하는 일에서 더 크게 성공할 것이다.

디지털화된 기업과 전통적인 기업을 막론하고 대부분의 기업, 심지어 99퍼센트의 기업들은 열심히 일하고, 배우기를 열망하며, 새로운 시스템에 필요한 적성과 사고방식, 역량을 갖춘 젊은 인재를 찾고 있다. 미래에 적합한 인재라면 기업들은 젊은 인재들의 경험이 좀 부족하더라도 가능한 한 빨리 승진시키고자 할 것이다. 지금이 바로 디지털화를 준비하는 당신이 가장 빛을 발휘할 수 있는 시대다. 서둘러 배우고 철저히 준비하라.

신생기업가

최근 출범한 신생기업이라면 제너럴 일렉트릭이나 제너럴 모터스 같은 산업화 시대 역군들의 경영관리시스템을 무조건 모방하는 일을 멈추어야 한다. 그들이 100년 이상 축적한 전통적인 지혜라 할지라도, 신생기업들은 그것을 가능한 한 추종하지 말아야 한다.

7개가 넘어가는 계층 구조와 사업부 중심의 조직구조를 선택해선 안 된다. 또한 매년 수립하는 전략, 예산, 핵심성과지표KPI 는 물론, 전통 방식으로 성과를 평가하는 것보다 훨씬 나은 대안을 찾아야 한다. 이 책에서 소개하는 디지털 경영관리 방식을 신뢰하고 열심히 배워 적극적으로 실행에 옮겨야 한다.

아마존과 같은 대표적인 디지털 거인 기업을 벤치마킹하고 이런 미래 혁신기업들이 갖춘 디지털 경영관리시스템을 배워야 한다. 아마존의 엄청난 성공을 가속화한 모든 요소들을 철저히 배워서 새로운 슈퍼스타 기업을 구축하는 훌륭한 기회로 활용해야 한다. 디지털 경영관리시스템을 활용하면 전통적인 시스템보다 훨씬 빠른 속도로 당신의 신생기업을 성장시킬 수 있을 것이다.

어떤 방법이 당신의 기업에 가장 좋을 대안인지 실험해 보고, 디지털 시대에 가장 잘 맞는 새 방법을 찾아야 한다.

· · ·

아마존은 여러 측면에서 전통적인 사업 방식을 탈피했다. 그리고 아마존의 경영시스템을 이루는 핵심 원칙들은 디지털 시대에 승리하기 위한 새로운 공식을 보여주었다.

아마존의 경영관리시스템을 맹목적으로 모방하라는 것이 아니다. 우리는 당신이 이 책을 통해 아마존이 어떻게 성장하였는지 명확하게 이해함으로써 당신의 회사 상황에 가장 적합한 디지털 방식을 구축하는 데 필요한 영감을 얻기를 바란다.

이 책의 내용은 가능한 한 아마존이 '잘하고 있는 것'과 '배워야 할 점'을 중심으로 긍정적인 측면들에 초점을 맞췄다. 최근에는 아마존이 환경에 미치는 영향에서부터 노동관행에 이르기까지 다양한 비판적 기사의 대상이 되고 있다. 기사에서 언급되는 많은 문제들은 진지한 고려와 조치가 필요한 사안들이다. 해당 문제들에 대해 아마존이 어떤 결정을 내릴지 많은 사람들의 이목이 쏠리고 있다.

하지만 이 책에서는 아마존이 가진 이런 문제점들을 직접적으로 다루지는 않았다. 경영적 관점에서 가치 창출을 위한 아마존의 비즈니스 모델과 6가지 경영원칙을 통해 무엇을 배울 수 있는지, 그리고 당신의 비즈니스에 적용할 수 있는 구체적 요소들이 무엇인지 분석하였다.

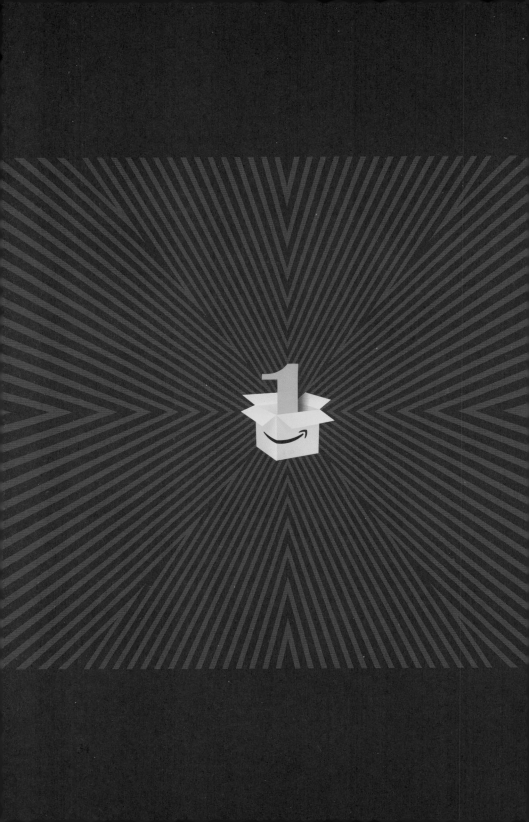

우리가 고객을 위해
더 잘할 수 있는 것은
무엇일까?

제프 베조스, 매주 임원회의 때마다

아마존 비즈니스 모델의 핵심은 충성고객 숫자를 확대하는 것이다. 이를 위해 전자상거래 플랫폼 이용 고객들을 기반으로 다양한 사업을 꾸준히 늘리고 있으며, 최근에는 B2C를 뛰어넘어 B2B 영역까지 빠른 속도로 확장하는 중이다. 아마존은 경제학의 고전 원리인 한계수익체감의 법칙(생산요소의 투입량이 일정수준을 넘어서면 수익이 체감하는 현상)을 파괴함과 동시에 승자독식이라는 새로운 패러다임을 창조하고 있다. 아마존의 이런 가공할 위력은 매출액 성장률, 영업이익률, 투자수익률이라는 지표로 나타나고 있다.

• 아마존의 비즈니스 모델

    1.0: 온라인 서점

    2.0: 온라인 상점 - 에브리싱 스토어

    3.0: 온라인 비상점 플랫폼

    4.0: 인프라 사업과 온·오프라인 플랫폼

• 아마존의 핵심 아이디어

    고객에 대한 집착

    고객을 위한 발명

    장기적인 사고

    순이익 vs 현금창출 능력

• 아마존은 어떻게 비즈니스 모델을 현실화할 수 있었을까?

고객 집착
비즈니스 모델

제프 베조스는 아마존을 설립하기 전, 퀀트 투자(수학 및 통계 지식을 이용해 투자 법칙을 찾아내고 이를 토대로 행하는 투자-편집자) 기법으로 유명한 월가 헤지펀드 회사 D. E. 쇼에서 일했다. 1994년 이 회사의 설립자 데이비드 쇼는 인터넷에서 잠재적 사업 기회를 모색하는 부사장 자리에 베조스를 앉혔다. 두 사람은 매주 몇 시간씩 브레인스토밍을 했고, 베조스는 거기서 나온 아이디어의 타당성을 검토했다.

25년 전 당시 기준으로는 영 터무니없던 아이디어들이 나왔다. 훗날 지메일과 야후 메일의 개념인 '광고가 딸린 무료 이메일 서비스', 온라인 증권 거래 플랫폼 이트레이드를 낳은 '인터넷 사용자들이 주식과 채권을 온라인에서 거래할 수 있도록 하는 새로운 종류의 금융 서비스', 세상의 모든 것을 판매하는 '에브리싱 스토어 everything store'였다.

인터넷 사업 기회를 모색하는 과정에서 베조스의 관심을 끌었던 것은, 전년도에 비해 인터넷 사용량이 2,300% 급격히 증가했다는 사실이었다. 베조스는 이에 대해 "매우 이례적인 일이어서 나는 '어떤 사업을 계획해야 인터넷이 급격히 성장하는 지금의 흐름을 가장 잘 탈 수 있을까'라는 생각을 하게 되었다"라고 말했다. 이런 생각으로 그는 월가에서의 유망한 경력을 뒤로 한 채 자기 사업을 시작하기로 결심했다.

25년 전 인터넷은 아직 걸음마 단계에 있었다. 그런 상황에서 베조스는 어디서부터 시작해야 한다고 생각했을까? 인터넷은 그에게 야망을 현실화할 수 있는 높은 잠재력과 실현 가능성을 보여주었다. 이러한 유례없는 성장 기회를 활용하기 위해 그는 어떻게 역동적인 비즈니스 모델을 개념화했을까?

아마존의 비즈니스 모델

전례 없는 인터넷의 성장에 무척 고무되어 있었지만, 베조스는 처음부터 '모든 것을 파는' 인터넷 사이트를 만든다는 것이 불가능하다는 사실을 잘 알고 있었다. 그렇다면 그는 어디서부터 시작해야 한다고 생각했을까? 그는 컴퓨터 소프트웨어, 사무용품, 의류, 음악 등 인터넷으로 판매 가능한 20개의 제품 카테고리를 추렸다. 그리고 숙고한 끝에 온라인 서점이 가장 좋은 출발점이라고 생각하게 됐다.

1.0 : 온라인 서점

제프 베조스는 왜 온라인 서점으로 시작했을까?

몇 가지 분명한 이유가 있다. 책은 고도로 표준화되어 있고, 출판 시장의 규모가 크며, 도서 배송은 다른 상품 배송보다 상대적으로 덜 까다롭다.

사람들이 잘 모르는 사실은, 당시 단 두 개의 출판 유통회사가 미국의 출판 유통 시장을 점유하고 있다는 점이었다. 신생 유통회사가 수십만 개는커녕 수십 개에도 훨씬 못 미치는 단 두 개의 경쟁사를 상대한다는 것은 상대적으로 쉬운 일이었다. 그러나 베조스가 출판 유통을 선택한 가장 큰 이유는 인터넷이 출판 유통시장에서 엄청난 경쟁 우위를 줄 수 있기 때문이었다.

어떤 경쟁 우위였을까? 당시 일반적으로 한 개의 서점은 10만 권의 책을 재고로 보유했는데, 이는 출판된 전체 약 300만 권의 책 중 극히 일부에 불과한 것이었다. 오프라인 서점은 매장 크기에 따라 재고로 보관할 수 있는 책 수량이 제한될 수밖에 없지만, 온라인 서점은 이런 공간적 제약이 없었다.

이것이 바로 베조스가 시장의 판도를 바꾸려는 야망을 이루기 위해 찾던 결정적인 차별화 요소였다. 그는 인터넷이 고객의 쇼핑 경험을 근본적으로 변화시킬 것이라고 생각했다. 그렇다면 이제 막 싹트기 시작하던 인터넷으로 실현할 수 있는 또 다른 마법은 무엇이었을까?

온라인 서점에는 두 가지 더 특별한 점들이 있었다. 독자 서평이

이 중 하나로, 마케팅 일환으로 책에 수록되는 유명 인사들의 아첨성 찬사와 달리 인터넷에서의 독자 서평은 평범한 독자들이 직접 남기는 진실하고 여과되지 않은 서평이다. 인터넷에서 독자들은 긍정적인 서평이든 부정적인 서평이든 다른 독자들이 남긴 서평을 모두 볼 수 있다.

다른 하나는 개인화다. 베조스는 언젠가 아마존이 예전 쇼핑 기록에서 나타나는 고객의 쇼핑 패턴과 선호도에 따라 각 고객에 맞는 웹사이트를 구성해 개인화된 상품 추천 서비스를 실현시킬 수 있을 것이라고 생각했다. 이를 통해 고객들은 오직 인터넷에서만 가능한, 완전히 새로운 경험을 하게 될 것이라는 생각이었다.

'무제한에 가까운 도서 선택폭', '여과되지 않은 독자 서평', '개인화' 이 3가지가 기존의 업체는 필적할 수 없는 인터넷 업체만이 가진 강점이었다. 베조스는 기존 서점들이 아무리 규모가 크더라도 결국에는 경쟁 상대가 되지 않을 것임을 확신했다.

그렇기 때문에 그가 신생 기업에 맞는 이름을 찾을 때 '아마존 Amazon'이라는 이름에 바로 꽂히게 됐을 것이다. 카다브라닷컴, 어웨이크닷컴, 브라우즈닷컴, 북몰닷컴, 릴렌트리스닷컴, 메이크잇소우닷컴 등을 사명으로 고민하던 가운데, 베조스가 사전을 뒤적이다 마침내 최적의 이름을 발견하기까지는 그리 오랜 시간이 걸리지 않았다. 아마존이라는 단어가 첫 눈에 그의 시선을 강하게 잡아 끈 것이었다. 그는 이렇게 말했다. "아마존은 단순히 세상에서 가장 큰 강이 아니다. 그 다음으로 큰 강보다 몇 배나 더 큰 강이다. 그 어떤

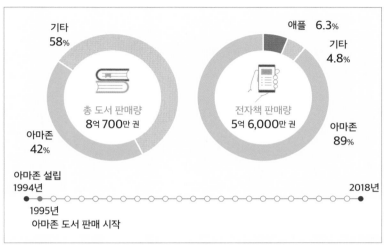

(단위: 미국 달러)

기타
58%

애플 6.3%

기타
4.8%

총 도서 판매량
8억 700만 권

전자책 판매량
5억 6,000만 권

아마존
89%

아마존
42%

아마존 설립
1994년

2018년

1995년
아마존 도서 판매 시작

*2018년 기준

출처 : BBC

강과도 비교 대상이 되지 않는다."

이것이 제프 베소스가 아마존이라는 이름을 선택하게 된 배경이었다. 아마존이라는 이름은 당시 베조스의 야심찬 포부를 그대로 드러내 주는 것이었다. 그의 목표는 단지 세상에서 가장 큰 온라인 서점을 만드는 것이 아니라, 어떠한 서점도 도저히 따라잡을 수 없는 상대가 되도록 하는 것이었다.

베조스는 자신의 목표를 이뤘다. 아마존은 이제 출판 시장에서 독보적인 선두주자다. 아마존은 미국 오프라인 출판 시장에서 42%라는 놀라운 점유율을, 전자책 시장에서는 89%라는 독보적인 점유율을 차지하고 있다(2018년 기준).

2.0 : 온라인 상점 - 에브리싱 스토어

온라인 서점 사업이 급성장하는 가운데, 베조스는 '에브리싱 스토어'라는 꿈을 잊지 않고 있었다. 1998년 아마존은 음악, 비디오, 선물과 같은 새로운 제품 카테고리와 영국, 독일과 같은 새로운 지역들로 사업을 확장하기 시작했다. 이후에는 장난감, 가전제품, 주택 개조, 소프트웨어, 비디오 게임 등 더 많은 분야로 사업 확장을 가속화했다. 이러한 사업 영역들이 베조스가 품고 있던 핵심 비전이었다.

아마존은 이러한 초기 제품 카테고리에서 드라마틱한 성장을 누리는 동시에, 드러그스토어닷컴, 펫츠스마트, 억셉트닷컴, 홈그로서닷컴, 기어닷컴, 백투베이직스토이스, 그린라이트닷컴, 와인쇼퍼닷컴, 오더블닷디, 자포스와 기타 수많은 기업에 투자하고 인수를 했다.

아마존은 이처럼 놀라운 속도로 '에브리싱 스토어'라는 거대한 융단을 짰다. 베조스는 제품 카테고리 및 진출 지역 확대, 인수합병 등으로 급성장하는 이 시기 동안 한 결 같이 고객에게 집중했다. 2001년 베조스는 '고객경험기둥pillars of customer experiences'이라는 표현을 사용해 '선택의 폭'과 '편의성'에 대해 설명했고, 2008년 주주서한에서는 '저렴한 가격'을 추가했다.

1. 선택의 폭: 2001년에 이미 무려 4만 5,000개에 달하는 품목과 수백만 권에 이르는 도서를 선택 가능하게 했다.
2. 편의성: 원 클릭 주문, 추천 아이템, 구매 희망 목록, 즉석 주

문 업데이트, 책 내용 미리보기 서비스, 빠른 배송.

3. 저렴한 가격: 단지 규모의 경제에 의해서가 아닌, 무어의 법칙(반도체의 가격대비 성능이 각각 9개월, 12개월, 18개월마다 약 2배씩 향상)처럼 시간이 갈수록 더욱 저렴한 가격이 가능.

아마존은 왜 이처럼 끊임없이 고객에게 집중할까? 베조스는 '아마존 서비스에 대한 고객의 인식이 아마존의 가장 귀중한 자산'이라고 굳게 믿고 있기 때문이다.

2005년, 아마존은 주문한지 이틀 안에 무료로 배송해주는 서비스인 연회비 79달러의 아마존 프라임 서비스(아마존이 제공하는 유료 구독 서비스 중 하나로, 일반 아마존 고객이 이용할 수 없거나 추가 비용을 내야만 이용할 수 있는 서비스를 사용자에게 제공한다-옮긴이)를 출시했다. 2019년 12월 31일 기준으로 아마존은 전 세계에서 넷플릭스Netflix에 이어 두 번째로 많은 유료 가입자인 약 1억 1,200만 명의 아마존 프라임 회원을 보유하고 있다.

흥미롭게도 고객에 집중하는 아마존의 원칙은 주주 가치를 가장 잘 창출하는 결과로 돌아온다.

3.0 : 온라인 비상점 플랫폼

플랫폼이란 무엇이고 플랫폼은 상점과 어떻게 다를까?

제1자 판매사업자first party seller는 단지 하나의 상점일 뿐, 플랫폼으로서의 자격을 갖추지 못한다. 플랫폼은 복수의 판매자를 참여시켜

복수 제품 및 서비스에 대해 복잡한 거래 및 상호작용을 용이하게 하며, 관련된 모든 거래 당사자를 위한 가치를 창출한다.(아마존에서는 제1자 판매사업자와 제3자 판매사업자third-party seller가 있다. 아마존과 제1자 판매사업자 관계를 맺으면 아마존은 소매업체 역할을, 판매사업자는 아마존에 상품을 공급하는 도매업체 역할을 한다. 아마존과 제3자 판매사업자 관계를 맺으면 판매자가 소매업체가 되어 아마존의 오픈마켓인 마켓플레이스를 통해 소비자에게 직접 제품을 판매하게 된다-옮긴이)

베조스는 아마존을 진정한 플랫폼으로 만들기 위해, 아마존에 상점을 연 소매상들에게 아마존이 단순한 상점 즉, 소매회사가 아님을 제대로 알려줄 목적으로 '비상점unstore'이라는 개념을 만들어 냈다. 그는 아마존이 왜 소매회사가 아니라 기술회사인지에 대해 반복해서 자세히 설명했다. 그는 아마존이 플랫폼을 운영하는 기술회사로서 고객이 최선의 구매 선택을 할 수 있도록 도우며, 오직 고객에게 최선의 결과를 주는 것에만 관심을 가질 것이라고 역설했다.

이러한 강한 신념에는 엄청난 운영 및 전략상의 의미가 있다. 아마존이 전통적인 소매회사가 걸어가는 길을 걷지 않도록 하겠다는 것이다. 그리고 아마존이 소매업체 역할을 하는 제1자 판매를 통해 단기적인 매출과 수익을 극대화하는 것이 아니라, 신뢰에 기반해 고객과의 장기적인 관계를 구축하는 데 집중하겠다는 것이다.

제3자 판매 플랫폼에 대한 두 차례의 간접적 시도였던 아마존 옥션과 지숍이(둘 다 2000년에 서비스를 시작했다가, 아마존 옥션은 2000년, 지숍은 2007년에 사업을 중단했다) 실패한 후, 제3자 판매사업자가 아

마존과 함께 신상품 또는 중고제품을 판매할 수 있도록 하는 전자
상거래 플랫폼 마켓플레이스를 대담하게 선보인 것도 이 때문이다.

많은 사람들이 처음에는 아마존이 제1자 판매사업자와 제3자 판
매사업자의 판매 품목에 대한 검색 결과를 같은 페이지에 나열하
고, 제3자 판매사업자에게 강력한 분석 및 관리 도구를 모두 활용할
수 있도록 한 데다, 심지어 아마존이 자체적으로 보유하고 있는 고
객 지향 핵심 역량을 그들과 공유하기로 한 결정을 당황스럽게 받
아들였다.

아마존의 사업모델이 '온라인 상점'이라 생각한 사람들에게는 아
마존이 제3자 판매사업자들에게 제공하는 후한 혜택은 정상이 아
닌 것으로 보였다. 경쟁자를 도울 이유가 없기 때문이었다. 그렇지
만 아마존을 플랫폼으로 보는 사람들에게는 이러한 선택이 전적으
로 타당해 보였다. 플랫폼 모델에서 제3자 판매업체는 경쟁자가 아
니라 귀중한 생태계 파트너이기 때문이다. 아마존은 수백만의 중소
기업, 제3자 판매업체, 개발자, 배송 회사, 저자로 구성된 생태계를
구축해 오고 있다.

혼자서는 결코 플랫폼을 구축할 수 없다. 플랫폼은 생태계 파트
너들과 협력함으로써 생겨나고, 발전하며, 생태계와 더불어 점차
커간다. 이것이 중요하면서도 새로운 디지털 시대 게임의 법칙들
중 하나다. 아마존은 디지털 경제의 법칙에 맞는 역동적 사업모델
에 대한 선견지명을 가지고 있었고, 일찍부터 대담한 실행을 통해
생태계 파트너들과 자신의 이익 모두를 가속화함으로써 상상할 수

없는 가치를 창출해냈다.

아마존의 유명한 플라이휠flywheel 개념은 플랫폼이 작동하는 메커니즘을 시각적으로 생생히 보여준다.

독립된 온라인 상점은 기본적으로 대단히 많은 아이템을 대단히 많은 고객들에게 제공할 수 있을 때만 계속 성장할 수 있다. 플랫폼 비즈니스 모델은 제3자 판매업체들에게 모든 것을 개방해 이들이 더 많은 주문을 받을 수 있도록 함으로써, 마치 뉴턴 물리학에서 양자역학으로 도약하듯 선형적 성장linear growth 에서 기하급수적 성장 exponential growth 으로 도약할 수 있다.

판매자가 늘어날수록 고객의 선택폭이 그만큼 늘어나고, 더 많은 고객들이 유입되며(트래픽), 결과적으로 규모(매출액 신장)가 커지게 된다. 규모가 커지면 비용 구조가 효율화되면서 고객들의 구매가가 더 저렴해진다. 선택의 폭은 늘어나고 구매가는 낮아지며, 고객의 편의성이 개선되면(규모의 증가에 따른 또 다른 부수적 효과), 고객 경험이 향상된다. 향상된 고객 경험은 더 많은 트래픽을 발생시켜 플라이휠이 강화된다.

이것이 플랫폼이 태생적으로 가진 미덕이다. 아마존이 생태계 내의 파트너인 제3자 판매업체에게 관대하고 강력한 권한을 부여하는 것은 아마존 플랫폼의 장기적인 성장과 번영을 위한 자기보완 메커니즘이다.

2020년 2월 현재 아마존은 미국에서 38.7%의 점유율을 차지하는 최대의 온라인 판매 플랫폼이다. 제3자 판매업체의 판매액은

플라이휠 전략

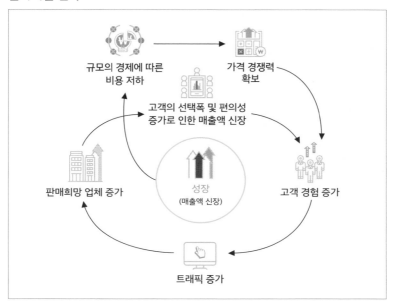

규모의 경제에 따른
비용 저하

가격 경쟁력
확보

고객의 선택폭 및 편의성
증가로 인한 매출액 신장

성장
(매출액 신장)

판매희망 업체 증가

고객 경험 증가

트래픽 증가

출처 : 아마존닷컴

52%라는 놀라운 연평균 매출 증가율을 보이며 1999년 1억 달러에
서 2018년 1,600억 달러로 증가했다. 베조스는 2018년 주주서한에
서 "아마존 전체 매출 중 독립적인 제3자 판매사업자(대개가 중소업
체인)의 매출비중이 3%에서 58%로 증가했다. 솔직히 말해 제3자
판매사업자들이 우리의 첫 번째 파티를 망쳐버렸다"라고 농담했다.

4.0 : 인프라 사업과 온·오프라인 플랫폼

2017년, 아마존은 137억 달러에 홀푸드를 인수해 아마존 고Amazon

미국 최대 온라인 판매 플랫폼 아마존

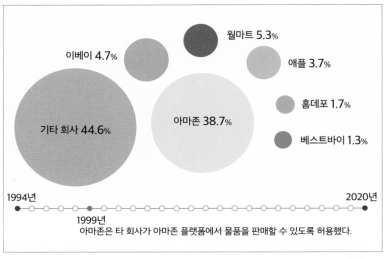

이베이 4.7%

월마트 5.3%

애플 3.7%

홈데포 1.7%

기타 회사 44.6%

아마존 38.7%

베스트바이 1.3%

1994년

2020년

1999년
아마존은 타 회사가 아마존 플랫폼에서 물품을 판매할 수 있도록 허용했다.

출처 : BBC

Go 를 열면서 사업영역을 신선식품과 오프라인으로 확장했다. 사실 아마존은 홀푸드를 인수하기 몇 년 전부터 신선식품 사업을 실험하고 있었다.

아마존이 신선식품 사업을 대단히 중요하게 생각한 이유는 무엇이었을까? 신선식품은 구매가 빈번하다. 일주일에 한 번 신선식품을 구매하는 사람도 있지만, 일주일에 두 번에서 세 번씩 좀 더 빈번하게 구매하는 소비자도 있다. 심지어 매일 일상적으로 신선식품을 구매하는 소비자도 있다. 소비자와의 빈번한 상호작용은 모든 사람을 위해 모든 제품을 갖춘 플랫폼인 아마존의 꿈이다. 게다가 아마존은 온라인과 오프라인 모두에서 고유의 주문이행 역량과 더

불어 방대한 기존 고객층을 활용할 수 있는 특별한 강점을 가지고 있었다.

아마존 비즈니스 모델에서 가장 두드러지면서도 놀라운 점은 주문이행서비스(2006년), AWS(아마존웹서비스, 2006년), 알렉사(2014년)와 같은 인프라 사업에서의 성공이다.

AWS는 마이크로소프트, 구글, 알리바바의 강력한 경쟁 압력에도 불구하고, 전 세계 클라우드 서비스 시장에서 40%가 넘는 점유율로 1위를 지키고 있다. 2018년 기준 AWS는 스타트업에서부터 대기업에 이르는, 그리고 정부 기관에서 비영리 단체에 이르는 수백만의 고객사를 확보하고 있고, 아마존 전체 매출액의 11%를 차지하는 267억 달러의 매출액과 아마존 전체 영업이익 중 59%를 차지하는 73억 달러의 영업이익을 달성했다.

아마존은 어떻게 인프라 사업으로 성공적인 사업 확장을 할 수 있었을까?

아마존은 제1자 판매자들이 사업을 계속해서 성장시킬 수 있도록 오랫동안 주문이행서비스와 기술에 엄청난 전문지식을 축적해왔다. 전통적인 경쟁 이론에 따르면, 기업들은 이러한 핵심 역량을 오직 내부적인 목적으로 엄격히 사용하면서 자사의 독점적인 노하우로 보호해야 하는 것이 정상이다. 하지만 아마존은 디지털 시대의 새로운 게임의 법칙을 인식하고, 이러한 경쟁 우위가 새로운 가능성을 열 수 있도록 외부 파트너에게 서비스를 개방했다.

예컨대 제3자 판매사업자들이 주문이행서비스 FBA와 프라임 프로그램을 통해 판매하면, 고객이 이틀 안에 무료로 배송 받을 수 있기 때문에 그들의 사업에 상당한 도움이 된다.

AWS 또한 자사의 핵심 역량을 개방하여 파트너사의 사업을 돕는다. 이처럼 유연하고, 경제적이며, 편리한 서비스는 신생기업과 중소기업에게 꼭 필요하다. 이들 기업은 클라우드 서비스를 이용하면 IT 시스템을 구축하는 데 드는 막대한 초기 투자를 할 필요가 없다. 대신에 이들 기업은 AWS를 사용하면서 사용료만 지불하면 된다. 이렇게 아마존은 창업을 하고 기업을 키워 나가는 데 필요한 자원과 전문기술의 장벽을 낮춰 주었다.

알렉사는 더 적극적으로 외부에 자사의 핵심 역량을 개방하는 경우다. 알렉사는 클라우드 기반의 음성인식 인공지능 비서로, 에코에 연결되는 것 외에도 스마트 기기를 만드는 다른 회사들 및 외부 개발자에게 개방되어 있다. 베조스는 다음과 같이 자랑스럽게 말한 적이 있다.

"1세대 에코가 나온 이후로 고객들은 1억 대 이상의 알렉사 탑재 기기를 구입했다. 알렉사가 내장된 기기의 수는 2018년에 전년도 대비 2배 이상 증가했다. 현재 헤드폰과 PC, 자동차, 스마트홈 기기에 이르기까지 알렉사가 내장된 150개 이상의 제품들이 있으며, 앞으로 훨씬 더 많아질 것이다."

이처럼 아마존은 디지털 시대 모든 종류의 기업에 인프라를 제공하는 인프라 제공사가 되었다. 경쟁이라는 전통적인 시각을 넘어 고객들의 요구를 실현하려는 아마존의 또 다른 흥미로운 예가 있다. 2019년 9월 24일, 아마존은 30개 업체와 손잡고 '음성 상호연결 이니셔티브'를 체결해 최대한 많은 기기가 각 기업의 디지털 비서들과 함께 작동하도록 하고 있다고 밝혔다. 아마존은 음성 비서 소프트웨어 및 하드웨어를 위한 산업 표준을 만들기 위해 경쟁사들과 협력하고 있다. 구글, 애플, 삼성 등은 참여하지 않았다.

아마존 기기 및 서비스 부문 수석 부사장SVP 인 데이브 림프는 테크 뉴스 웹사이트인 〈더버지〉와의 인터뷰에서 "결국 특정한 한 음성 비서가 전체 시장을 지배하게 될 것이라는 뉴스를 많은 사람들이 보고 싶겠지만, 우리는 그렇게 생각하지 않는다. 이것은 스포츠 경기가 아니다. 승자가 한 명뿐이진 않을 거라는 얘기다"라고 말했다.

아마존은 보도자료를 통해 "이니셔티브는 음성 서비스들이 단일 기기에서 서로 원활하게 연동되어야 하며, 음성인식 제품은 복수의 호출어를 지원하도록 설계되어야 한다는 공통된 생각을 바탕으로 추진되고 있다. 아마존, 바이두, BMW, 보스, 세런스, 에코비, 하만, 로지텍, 마이크로소프트, 세일즈포스, 소노스, 사운드유니트, 소니 오디오, 스포티파이, 텐센트와 같은 글로벌 브랜드를 비롯해, 프리, 오렌지, SFR, 버라이존과 같은 통신회사, 암로직, 이노미디어, 인텔, 미디어텍, NXP 반도체, 퀄컴, SGW글로벌, 톤리와 같은 하드웨어 솔루션 제공사, 컴스코프, 디스크비전, 리브르, 링크플레이, 마이박스, 사젬컴, 스트림언리미티드, 슈그르일렉트로닉스 등 30여개 기업이 협력사로 이름을 올렸다"고 밝혔다.

아마존의 창업자이자 CEO인 제프 베조스는 "여러 개의 활성화

언어를 고객에게 최고의 옵션으로 제공한다. 이용자는 특정 상황에서 최적의 지원을 받는 음성 서비스를 선택할 수 있다. 기업들이 이런 비전을 공통으로 추구하는 모습을 보는 것은 신나는 일이다"라고 말했다.

이러한 인프라 제공 사업은 아마존이 25년 동안 지속적으로 진화하면서 규모에서도 급격히 성장했을 뿐 아니라, 단순한 모델과 서비스를 제공하는 기업에서 훨씬 광범위하고 역동적인 서비스를 제공하는 기업으로 진화할 수 있었던 또 하나의 방법이다. 아마존은 소비자 대상 온라인 상점에서 우리의 삶에 필요한 거의 모든 것(아직까지는 아마존이 데이트 앱을 출시하지 않았지만, 앞으로 출시하게 될지도 모를 일이다!)을 온라인과 오프라인, 제1자 판매사업자 및 제3자 판매사업자를 통해 제공하는 소비자 대상 플랫폼으로, 그리고 기업을 대상으로 물류와 기술 서비스를 제공하는 인프라 제공업체로 탈바꿈해 왔다. 그리고 분명 앞으로도 더 많은 비즈니스 모델로 확장할 것이다. 현재 아마존을 향해 열려 있는 하늘은 무한하며 미래에는 더욱더 무한할 것이다.

지금까지 우리는 아마존이 디지털 시대의 플랫폼, 생태계, 인프라라는 새로운 개념을 바탕으로 비즈니스 모델을 성공적으로 구축하며 지속적으로 확장했음을 살펴봤다.

아마존의 핵심 아이디어

아마존은 사람들의 상상을 훨씬 뛰어넘는 거대 디지털 기업이 되었다. 워런 버핏의 오른팔이자 수십 년간 파트너였던 찰리 멍거는 CNBC와의 인터뷰에서 아마존이 이룬 성과가 "대단히 놀랍다"고 말했다.

아마존의 핵심 아이디어는 무엇일까. 먼저 거대한 판매 시장과 경제적 기회를 가져다줄 수 있는 새로운 고객 경험을 상상한다. 그리고 알고리즘을 통해 데이터를 처리하고 생태계 내 파트너의 물류 유통을 강화해 주는 디지털 인프라 구축과 디지털 플랫폼 사용을 통해 새로운 엔드투엔드 경험을 고객에게 맞춤형 서비스로 제공할 수 있도록 새 방법을 상상하는 것이다.

고객에 대한 집착

베조스가 아마존에 대한 연설이나 인터뷰를 할 때 빠지지 않고 언급하는 내용이 있다. 바로 고객에 대한 집착 그리고 고객 중심주의다. 베조스는 주주들에게 보낸 1997년 첫 번째 주주서한에 아마존의 기본 경영방침과 의사결정 방식에 관한 9가지 원칙을 밝혔다. 그중 첫 번째는 "우리는 고객들에게 끊임없이, 끈질기게 집중할 것"이었다. 고객에 대한 집착은 아마존의 14가지 리더십 원칙에서도 또다시 첫 번째로 꼽혔고, 그 이후로도 줄곧 그 자리를 지키고 있다.

베조스는 왜 그렇게 고객들에게 집착해온 걸까? 앞서 말했듯 그는 언제나 고객을 아마존의 가장 귀중한 자산으로 생각하고 있다. 고객은 아마존의 플라이휠과 아마존 플랫폼 전체에서 핵심을 차지하고 있다. 아마존이 점점 더 많은 영역에서 공격적이고 성공적으로 사업을 계속 확장할 수 있는 비결은 무엇일까? 아마존에게는 더 많은 구매를 할 준비가 되어 있는 고객들이 있기 때문이다. 제3자 판매자들이 아마존 플랫폼에 이끌리는 이유는 무엇일까? 가장 분명한 이유 중 하나는 아마존이 수억 명의 고객을 보유하고 있고, 아마존 플랫폼을 활용함으로써 훨씬 더 빠르게 자신들의 사업을 확장할 수 있기 때문이다.

세계적으로 사업이 크게 성장하고 아마존에 대한 고객의 긍정적인 인식이 증가하고 있음에도 불구하고, 베조스는 언제나 고객에 대한 경외심을 잃지 않고 있다. 그의 말을 들어보자.

"우리에겐 쉴 시간이 없다. 나는 직원들에게 매일 아침 두려움에 질려 잠에서 깨라고 끊임없이 상기시킨다. 경쟁사가 아니라 우리 고객들에 대한 두려움 말이다. 우리 고객들은 현재 우리의 사업을 만들어 주었고, 우리와 관계를 맺고 있는 사람들이며, 우리가 큰 의무를 져야 할 사람들이다. 그리고 우리는 다른 회사가 그들에게 더 나은 서비스를 제공하는 순간까지만 우리에 대한 고객의 믿음이 유지될 것임을 안다."

고객의 신뢰는 기업이 노력을 통해 얻어낸 특권이다. 장기적으로 유지될 것이라고 당연하게 여길 수 있는 것이 아니다. 신뢰를 쌓기까지는 수년간의 시간이 걸리지만 신뢰가 깨지는 것은 한 순간에 불과하며, 한번 손상된 신뢰를 회복하기란 좀처럼 쉽지 않다. 그렇기 때문에 베조스는 "우리가 가격을 책정할 때의 목표는 고객 신뢰를 얻는 것이지, 최고의 단기 이윤을 얻기 위한 것이 아니다"라고 강조한 것이다.

세계에서 가장 고객에게 집착하는 기업 중 하나인 아마존은 2018년 구글과 애플을 제치고 브랜드랩이 선정한 '세계 500대 영향력 있는 브랜드 순위'에서 1위를 차지했다.

고객을 위한 발명

베조스는 "고객과 관련해 내가 좋아하는 것 중 한 가지는 고객의 '신성한 불만'이다. 고객의 기대치는 결코 고정되어 있지 않고 계속해서 올라간다. 그것이 인간의 본성이다"라고 말했다.

어떻게 하면 단순히 고객의 증가하는 기대치를 만족시키는 데 머물지 않고 앞서 나갈 수 있을까? 끊임없는 혁신과 발명이 유일한 방법이다. 고객들의 신성한 불만은 아마존의 혁신과 발명에 지속적으로 영감을 주는 원천이다.

많은 전통 기업들도 혁신과 개선을 위해 노력하지만, 대개는 경쟁이나 실적에 대한 압박이 동인인 경우가 많다. 그들은 이리저리 바꿔보면서 그다지 중요하지 않은 작은 개선이나 겉포장에 신경 쓰면서도, 완전히 새로운 아이디어를 만들어 내기 위한 체계적인 혁신은 거의 하지 않는다.

아마존은 이러한 사소한 기술혁신을 훨씬 뛰어넘길 열망한다. 고객들에게 즐거운 경험을 주기 위해 완전히 새로운 방법들을 발명하려는 끈질긴 노력을 멈추지 않는다. 아마존은 고객이 궁극적으로 필요로 하는 것, 향후 10년 동안 변하지 않을 것(가격, 선택권, 편의성)을 상상함으로써 전 세계 소비자 니즈에 집중한다.

주로 비용 절감을 위해 기술을 사용하는 기존 기업들과 달리, 아마존은 기술을 활용해 기존 고객 경험을 완전히 바꾸고 현재 존재하지 않는 고객 경험을 상상해 아마존 고와 같은 새로운 고객 경험을 발명하는 데 주력한다.

고객을 위한 발명의 또 다른 예로 킨들을 들 수 있다. 킨들은 책을 대체하려고 기획된 것이 아니었다. 그보다는 판매할 수 있는 수백만 권의 책을 보유하고, 소비자가 원하는 책을 찾아서 60초 안에 책을 가질 수 있도록 하며, 원하는 구절에 밑줄을 긋고 메모를 남겨 이를 클라우드에 저장하는 등 전통적인 책으로는 불가능한 새로운 기능을 갖도록 고안된 것이다.

아마존은 끈질기게 발명을 추진하는 정신으로 클라우드 서비스 AWS, 스마트 스피커 에코와 같이 거대한 글로벌 잠재력을 가진 전혀 새로운 시장을 단독으로 창출했다. 베조스의 말을 들어보자.

"어느 곳에서도 AWS를 먼저 만들어 달라고 한 곳은 없었다. 세상은 사실 AWS와 같은 서비스를 갈망하고 있었지만 그런 서비스의 가능성을 알지 못하고 있었다. 우리는 직감과 호기심을 따라 재정적 위험을 감수하면서 수없이 실험을 반복했다."

장기적인 사고

베조스는 맨 처음 보냈던 주주서한에서 "장기적인 안목이 중요하다"라며 "우리가 성공을 측정하는 근본적인 척도는 장기적으로 창출하는 주주가치가 될 것"이라고 말했다. 이어서 그는 아마존이 "지금 당장의 수익성에 대한 고려나 월가의 단기적인 반응에 흔들리지 않고, 우리가 장기적으로 시장을 주도할 수 있는지에 비추어 계속해서 투자 결정을 해나갈 것"이라고 말했다.

아마존이 장기적인 사고를 대단히 중요하게 생각하는 이유는 무엇일까? 그 비밀은 아마존 사업모델의 본질에 있다. 아마존의 사업모델은 본질적으로 플랫폼과 인프라다. 이는 고정비용이 높고 변동비용은 상대적으로 낮은 것이 특징인 대규모 사업이다.

플랫폼과 인프라를 구축하는 데는 수년이 걸리며 적어도 수십억, 수백억 달러의 대규모 투자가 필요하다. 이러한 투자는 단기적으로 분기별, 연간 또는 2~3년 기간 동안 초기 투자비용을 상쇄하는 수익을 창출할 수 없을 것이다. 적어도 7년에서 10년은 생각할 수 있는 사람들만이 장기적으로 볼 때의 플라이휠, 자기강화 메커니즘, 기하급수적 성장 등 플랫폼과 인프라 사업의 태생적인 미덕을 충분히 인식하게 되며, 강한 신념과 용기로 그러한 장기·대규모 투자를 할 수 있다.

그렇다면 어떻게 이런 대규모 투자로부터 수익을 이끌어낼 수 있을까? 여기서 규모와 속도가 정말 중요하다. 베조스가 주주들에게 보내는 편지는 지금까지도 끊임없이 이 철학을 강화하고 있다.

첫 번째는 규모다. 규모의 확장은 판매가 확대될수록 고정 비용을 분산시켜 단위당 비용을 줄이고, 이는 더 큰 가격 인하를 가능하게 한다. 베조스는 '티핑 포인트'인 특정 임계값을 지나면 "고객 경험의 질은 높아지고, 추가적으로 늘어나는 한계비용은 낮아지며, 사업의 성공 가능성은 높아지고, 다른 회사보다 빠른 확장 및 수익성을 확보하게 해줌으로써 신규 전자상거래 사업을 더 신속하게 시작할 수 있다"고 말했다.

베조스가 1997년도에 보낸 첫 주주서한에서 "성장을 위한 집중과 장기적인 수익성 및 자본운용에 대한 집중에 고루 중점을 둘 것이다. 현 단계에서는 규모화가 사업모델의 잠재적 가능성을 실현하는 데 중요하다고 판단되므로, 성장에 우선순위를 두기로 했다"고 밝힌 것도 이 때문이다.

두 번째는 속도다. 플랫폼과 인프라는 기술 게임이다. 발 빠른 투자와 실행을 통해 더 많은 고객층을 미리 선점할 수 있고, 보다 일찍 데이터를 축적함으로써 데이터 분석, 알고리즘 개선 및 AI 기반 솔루션에서 상당한 우위를 점할 수 있다. 요컨대 이 모든 요소들이 결합하여 아마존의 디지털 핵심 역량을 만들어 낸다.

데이터는 디지털 시대에 새롭게 등장한 자산이다. 고객에 대한 데이터 및 행동 분석으로부터 새로운 니즈를 파악해 더 나은 서비스와 고객 경험을 창출할 수 있으며, 이를 통해 더 많은 수익원을 창출할 수 있고, 결과적으로 규모를 더 확장시키고 비용을 낮춰 수익을 증가시킬 수 있다. 사실 각 플랫폼은 다양한 수익원을 가져야 한다. 그렇지 않으면 결코 큰 수익을 낼 수 없다.

아마존의 디지털 핵심 역량은 운영 효율을 지속적으로 향상시키고 비용 구조를 낮춤으로써 수백만 명의 고객들에게 서비스할 때 훨씬 강한 경쟁력을 갖추게 된다. 이러한 개선이 지속해서 반복적으로 빠르게 일어나면, 후발주자들이 넘볼 수 없을 정도로 높은 진입장벽이 세워진다.

이것이 베조스가 끊임없이 직원들에게 속도의 중요성을 일깨우는 이유다. 1997년 주주서한에서도 '더 빠른 자본유통속도'를 강조한 바 있다. 아마존이 더 많은 고객들에게 서비스를 제공하기 위한 한계비용을 거의 0으로 수렴시키며 수확 체감의 법칙(특정 분야에 대한 투자가 증가한다고 해서 그 투자로 인한 수익률이 계속 증가할 수는 없고, 어느 시점부터 수익률은 점차 감소한다)을 완전히 깨버리고, 수익이 증가하면서도 한계비용은 감소하는 '수확 체증의 법칙'을 새롭게 증명한 것은 놀랄 일이 아니다.

순이익 vs 현금창출 능력

오랫동안 순이익이 거의 제로에 가까웠지만, 시장가치는 놀라운 증가를 보인 아마존에 대해 많은 사람들이 어리둥절해 한다.

디지털 시대에 가장 적절한 지표는 주당 순이익이 아니라 주당 현금흐름이므로, 아마존이 이익을 거의 내지 못한다고 생각하는 사람들은 분명 잘못 생각하는 것이다. 기존 기업이 자본적 지출로 분류해 다년간 감가상각 할 수 있는 고정자산투자와 달리 디지털도구,

시스템, 플랫폼에 대한 투자 중 상당 부분이 운영비로만 분류될 수 있기에 당해년도 비용으로 기록되면서 순이익을 낮춘다. 이러한 투자는 매년 25%의 성장을 달성하기 위해 필수적이다.

아마존의 실적은 이러한 오해와 함께 '디지털 거인들은 순이익 측면에서 볼 때 돈을 벌지 못하기 때문에 흔들릴 것'이라는 착각이 틀렸음을 증명한다. 디지털 거인들은 적정한 규모에 이르면 거대한 현금 기계처럼 엄청난 현금을 벌어들이게 된다.

왜 현금흐름, 특히 매출 총이익 현금창출이 중요할까? 월가의 베테랑이었던 베조스는 "주식 한 주는 곧 회사의 미래 현금흐름에 대한 기대를 반영하며, 따라서 다른 어떤 변수보다 현금흐름이 회사의 장기적인 주가를 설명하는 데 좋은 것으로 생각한다"며 현금흐름에 대한 충분한 이해를 드러냈다.

베조스는 자신의 말대로 현금흐름을 증가시켜 보였고, 자본시장은 그에게 합당한 보상을 해 주었다.

함께 계산해 보자. 2018년에 아마존은 2,329억 달러의 매출을 올렸다. 매출 총이익률은 40.25%로 이는 1년에 937억 달러의 매출 총이익 현금 창출이 된다. 영업현금흐름 관점에서 보면 아마존은 2018년 영업활동으로부터 307억 달러의 순현금을 창출했다.

하지만 아마존은 이 막대한 현금을 재무제표 상에 순이익으로 남기는 대신, 기술(연구개발 비용 288억 달러)과, 플랫폼 및 인프라(자본적 지출 134억 달러)에 지속적인 대규모 투자를 하며 기하급수적으로 빠른 성장을 이끌어 내고 있다. 아마존은 2011년부터 2017년까지 7

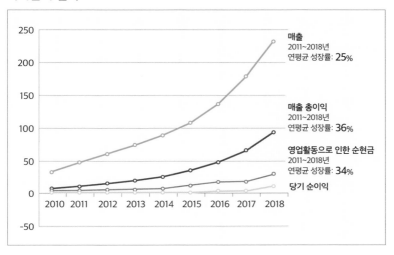

아마존의 실적

(단위: 10억 달러)

매출
2011~2018년
연평균 성장률: **25**%

매출 총이익
2011~2018년
연평균 성장률: **36**%

영업활동으로 인한 순현금
2011~2018년
연평균 성장률: **34**%

당기 순이익

년 동안 AWS 데이터 센터를 포함해 주문이행 네트워크, 배송 역량, 기술 인프라에 전 세계에서 1,500억 달러 이상 투자했다.

왜 아마존은 이처럼 대규모 투자를 하고 있을까? 앞서 살펴봤듯이 아마존의 대규모 투자가 규모와 속도의 정신으로 고객 수, 고객 데이터, 엔드투엔드 고객 경험의 지속적인 증가를 촉진하며, 거대한 진입 장벽을 유지하고 플랫폼과 인프라(최종 배송 구간last mile, 소비자가 제품 배송을 받는 최종 구간-옮긴이) 및 디지털 핵심 역량에서 비교할 수 없는 경쟁 우위를 강화하기 위해 계획적으로 이루어진다는 것을 알 수 있을 것이다.

이러한 관점에서 보면 아마존이 그동안 거쳐 온 25년간의 여정을 관통하는 일관된 기본 논리를 분명히 볼 수 있는데, 이는 겉으로는 혼란스러워 보여도 지속적으로 추구되며 확장되어온 것이다. 아마존은 과거부터 지금까지 언제나 핵심 원칙인 '고객 집착, 끊임없는 발명욕, 장기적 사고, 현금 창출'에 따라 움직여 왔고 앞으로도 그럴 것이다. 아마존은 첫날(Day 1)부터 이러한 원칙들을 놀라울 정도로 일관되게 지킴으로써, 세계적인 규모로 대단히 다양한 사업을 창출해내는 회사가 됐다. 디지털 시대의 플랫폼, 생태계, 인프라라는 새로운 개념들을 이용하고, 지속적으로 디지털 핵심 역량을 강화하며, 수확 체감의 법칙이라는 전통적인 법칙을 철저히 무너뜨리고, 엄청난 현금 창출과 주주 가치 창출을 할 수 있는 이 모든 자기 강화 메커니즘 요소들이 기본적으로 긴밀하게 연결되어 있음을 인식하는 사람들은 거의 없다.

아마존은 어떻게 비즈니스 모델을 현실화할 수 있었을까?

비즈니스 모델을 구상하는 것과 비즈니스 모델을 실제로 실행에 옮겨서 실현하며 지속적으로 발전시키는 것은 별개의 문제다. 수많은 흥미로운 사업 계획, 인상적이었던 청사진, 그리고 판도를 바꿀 수 있을 것처럼 보였던 아이디어들이 성공에 이르지 못한 채 좌초돼왔다. 그 가운데 어떻게 아마존 리더십 팀은 성공적으로 비즈니스 모델을 현실화할 수 있었을까?

많은 기업 리더들과 기업가들이 대단히 유능하고 사업에 헌신적이지만, 조직 관리에 관해서는 의지도 스킬도 없다. 일단 사업이 개인과 조직의 능력 이상으로 커져버리면, 성장 모멘텀이 둔화되고 경우에 따라서는 기업이 무너지는 일도 있다.

베조스는 그 반대다. 아마존의 창업자 겸 CEO인 그는 선견지명이 있는 리더로서의 면모와, 조직이 어떻게 운영되어야 하는가에 집착하는 현실적인 빌더로서의 면모를 둘 다 갖춘 흔치않은 인물이다. 그는 아마존의 디지털 경영 관리시스템을 설계한 장본인이자 이를 현장에서 강력하게 추진하는 지휘관이다.

베조스는 경영 관리시스템에 왜 그토록 많은 노력을 기울일까? 제대로 된 경영시스템 없이는 사업모델이 성공하지 않을 것임을 너무나 잘 알고 있기 때문이다.

· · ·

베조스가 자신의 꿈을 실현하려면 아마존을 발명 기계로 만들어야 하고, 정확하고 신속한 의사결정을 일관되게 내릴 수 있게 해주는 효과적인 메커니즘을 구축해야 하며, AI 기반의 데이터 및 측정지표 시스템을 구축해 실시간 데이터를 추적·측정·분석함으로써 일상적인 의사결정을 정확하고 신속하게 내릴 수 있도록 자동화할 수 있어야 하고, 그와 동시에 관료주의와 무사안일주의를 경계해야만 한다. 그렇지 않으면 그의 회사는 '둘째 날(Day 2, 초심을 잃어버리는 날-옮긴이)'이라고 불리는 위험한 비탈길을 기어오르다 미끄러져 결과적으로 '언제나 Day 1의 정신을 지키는 조직'이라는 그의 열망을 잃게 할 것이다.

이는 한 사람의 힘으로는 불가능한 일이다. 놀라운 결과를 창조해내기 위해서는 적합한 사람들이 하나로 모인 팀이 구성돼야 한다. 그렇다면 아마존의 기준에서 볼 때 적합한 인재란 어떤 사람들일까? 그리고 아마존은 어떻게 인재를 찾고, 그들에게 동기부여를 하며, 인재 유출을 방지할까? 다음 장에서는 아마존이 지속적으로 인재의 기준치를 높여주는 인재풀을 어떻게 구축하는지 살펴보자.

FOREVER
DAY 1

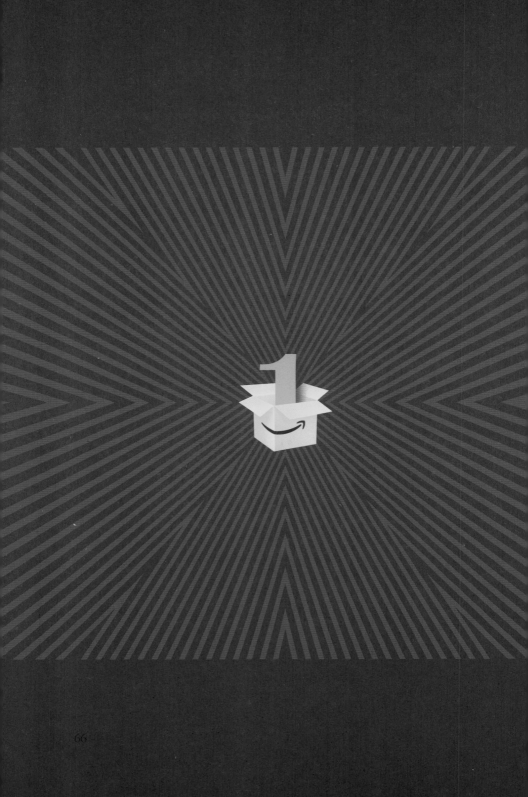

높은 채용 기준은
아마존 성공에
가장 중요한 요소였다.

제프 베조스, 1997년 주주서한에서

아마존은 인재풀을 만들기 위해서 자신들이 필요로 하는 인재를 명확하게 정의하고, 관련된 내용을 최대한 자세하게 문서화하여 엄격하게 인재를 선발한다. 선발된 인재에 대해서는 모든 필요한 사후 조치는 물론 시의적절한 피드백을 제공하여 개인의 역량을 최대한 발전시킨다. 아마존은 인재풀에 대한 규정, 엄격한 선발을 통한 인재 확보, 지속적인 사후 조치와 피드백을 통한 역량 개발 및 인재 유지라는 자기강화 메커니즘을 가지고 있다. 아마존은 이러한 방식을 기반으로 시간이 흐를수록 인재에 대한 기준치를 계속해서 높일 수 있다.

• 아마존이 생각하는 적합한 인재의 기준

　　아이디어를 실현해내는 빌더여야 한다

　　주인의식을 가져야 한다

　　강한 정신력을 가져야 한다

• 적합한 인재 영입을 위한 아마존의 노력

　　아마존의 높은 채용 기준을 수호하는 바 레이저

　　엄격한 채용과정

　　셀프 선택 메커니즘

• 인재를 머물게 하는 자기 강화 메커니즘

　　인재들은 관료주의를 싫어하고 도전을 좋아한다

　　성장을 꿈꾸는 야심가들의 천국으로 만들어라

　　인재들은 최고의 기준에 끌린다

• 최고의 인재를 차지하기 위한 경쟁

지속적으로
인재의 기준치를 높여주는 인재풀

    역사를 보면 매혹적인 아이디어를 생각해낸 사람들의 꿈이 대부분 실패했음을 알 수 있다. 왜 그럴까? 그들의 꿈은 대개 몽상으로 남을 뿐, 자신의 꿈을 현실화하는 '빌더builder'에게 필요한 실행력이 부족했기 때문이다.

    베조스는 꿈을 현실화시킨 드문 경우인데, 그는 어떤 일이 일어날지 내다볼 수 있는 뛰어난 통찰력을 가지고 있을 뿐 아니라, 자신의 생각을 실현해내는 빌더이기 때문이다. 그의 뛰어난 실행력은 표면적인 요소들이 아니라, 성공에 가장 중요한 요소인 '적합한 인재'에 대한 집중을 가능하게 한다.

    1994년, 그는 월 스트리트의 고소득 직장 D. E. 쇼에 자신만의 회사를 설립하겠다고 알리기에 앞서, 뉴욕에서 캘리포니아로 날아가 오랜 경험이 있는 프로그래머들을 대상으로 그의 첫 채용 면접을 했다. 운 좋게도 그는 스타트업 경험이 풍부한 베테랑이자 천재적인 기술자인 셸 카판을 아마존의 첫 직원으로 끌어들일 수 있었다. 베조스는 그 이후로도 계속해서 회사에 엄청난 가치를 제공할 인재들로 인재 파이프라인을 채웠다.

베조스에게 아마존에서 가장 중요한 결정이 무엇인지 물으면 그는 처음부터 그랬듯이 "필요한 업무에 가장 적합한 최고의 인재를 채용하기 위한 의사결정"이라고 답할 것이다. 많은 아마존 임직원들은 베조스가 얼마나 반복해서 이를 강조하는지 알 것이다. 이에 더해 베조스는 "직원을 잘못 채용해서 일어나는 문제를 수습하는 것보다는, 사전에 완벽한 직원을 뽑는 것이 낫다"라고까지 말했다.

왜일까? 베조스는 직원이 곧 회사 자체라고 믿기 때문이다. 잘못 채용된 직원은 요구되는 기준에 상응하는 의무를 이행할 수 없을 뿐 아니라 주변의 다른 직원에게도 부정적인 영향을 미친다. 잘못된 채용은 성과와 팀의 사기를 해치는 데 그치는 것이 아니라, 이를 수습하기 위한 훨씬 더 많은 비용과 시간, 정신적 부담을 낳는다. 많은 기업 리더들이 이러한 딜레마를 흔하게 경험한다.

베조스만 이렇게 생각하는 것은 아니다. 우리도 이 생각에 적극적으로 동의한다. 잘못된 채용을 수습하기란 여간 힘든 것이 아니다. 만약 당신의 회사에 잘못 채용한 직원이 있다면, 아무리 그를 지도하고 훈련시키고 발전시키려 노력하며 엄청난 시간과 비용을 쏟아 부어도 돌아오는 성과는 매우 작을 것이다.

자포스의 CEO인 토니 셰이도 이와 같은 생각을 가지고 있다. 그는 심지어 잘못된 채용으로 파생되는 비용을 계산해 그 금액이 무려 1억 달러에 이른다는 결론을 얻기까지 했다. 때문에 그는 신입

사원의 경우 4주 교육기간 중 회사가 본인과 맞지 않다고 생각하면 2,000달러를 받고 떠나도록 하는, 놀라울 정도로 특이하지만 효과적인 정책을 생각해냈을 것이다.

베조스는 이 기발한 방식의 가치를 높이 평가해, 아마존 주문이행센터 직원들을 대상으로 자진 퇴사 장려금 프로그램을 실시했다. 그는 2013년 주주서한에서 해당 프로그램을 다음과 같이 설명했다.

"자포스의 똑똑한 친구들이 발명한 이 프로그램을 우리는 아마존 주문이행센터에서 운영하고 있다. 자진 퇴사 장려금 프로그램은 아주 간단하다. 1년에 한 번, 우리는 직원들에게 회사를 그만두면 돈을 주겠다고 제안한다. 제안이 이루어지는 첫 해에는 2,000달러로 시작한다. 그러고 나서 5,000달러가 될 때까지 1년에 1,000달러씩 오른다. 우리는 '제발 이 제안을 받아들이지 말아달라'고 하면서 이렇게 제안합니다. 그들이 이 제안을 받아들이지 않기를 바라는 것이다. 우리는 그들이 회사에 머물기를 바란다. 그런데도 우리는 왜 이런 제안을 할까? 직원들이 잠시 시간을 갖고 그들이 진정으로 원하는 것이 무엇인지 생각하도록 하는 것이 목표이기 때문이다. 장기 근무를 원하지 않는 곳에 머무는 직원이 동료 직원과 회사에 이로울 수 없다."

베조스는 인재의 중요성을 깊이 이해하고 있다. 1997년의 첫 번째 주주서한에서 그는 9가지 기본 경영 및 의사결정 방침에 대해 말하면서 인재에 대한 내용을 다음과 같이 강조했다.

"다양한 재능을 가진 능력 있는 직원들을 채용하고 유지하는 데 계속해서 집중하고, 이들에 대한 보상을 현금보다는 스톡옵션 위주로 할 것이다. 우리는 아마존의 성공이 무엇보다 동기 부여된 직원을 끌어들이고 유지하는 데 달려 있음을 잘 알고 있다. 직원들은 각자 주인처럼 생각해야 하고, 실제로 주인이 되어야 한다."

그렇다면 아마존은 적합한 인재들을 끌어들이고 유지하기 위해 어떻게 하고 있을까? 그에 앞서 '적합한 인재'에 대한 아마존의 기준을 살펴보자.

아마존이 생각하는 적합한 인재의 기준

적합한 인재에 대한 정의는 기업과 상황에 따라 크게 다를 수 있다. 그럼에도 불구하고, 적합한 인재에 대한 정의가 명확하고 구체적이며 일관성이 있어야 조직 전체가 인재 채용에 있어 동일한 기준을 따르며 통일성을 꾀할 수 있다.

베조스는 처음부터 적합한 인재에 대해 명확하고 일관된 생각을 가지고 있었다. 그는 아이디어를 실현해내며, 주인처럼 생각하고 행동할 수 있는 빌더, 즉 '진정한 주인의식'이 있는 인재를 원한다.

아이디어를 실현해내는 빌더여야 한다

베조스는 오랫동안 여러 차례 빌더의 특성에 대해 설명했다. 그가 가장 최근 언급한 말을 2018년 주주서한에서 찾아보자.

"빌더는 호기심이 많은 사람들이며 탐험가적 기질을 바탕으로 발명하기를 좋아한다. 전문가면서도 초심자의 마음을 유지하는 사람들이다. 의미 있는 성공은 반복적인 노력을 통해 달성 가능하다는 확신을 가지고 해결하기 힘든 기회에 도전한다. 발명하고, 실행해보고, 문제가 보이면 개선해서 다시 실행해 보고, 그래도 안 되면 처음부터 다시 시작해 보는 과정을 끊임없이 반복한다. 그들은 성공에 이르는 길이 결코 일직선으로 뻗은 쉬운 길이 아니라는 사실을 너무나 잘 알고 있다."

베조스는 2012년 유명 토크쇼 진행자 찰리 로즈와의 인터뷰에서 자신을 빌더로 생각한다면서 "아마존에는 빌더가 많다"고 자랑스럽게 말했다. 평소 신중하게 말하기로 유명한 베조스가 한 이 말에는 강력한 메시지가 담겨 있다. 어떤 사람을 빌더라 하는지에 대해 그가 주주서한에서 한 말을 적어도 두 번은 주의 깊게 읽어보라. 그러고 나서, 아마존의 수많은 빌더들이 함께 머리를 맞대면 어떤 일을 해낼 수 있을지 잠시 상상해보라.

아마존의 빌더들은 고객에 집착하는 비즈니스 모델, 획기적인 발명 기계, 신속하면서도 올바른 의사결정, Day 1 정신이라는 아마존의 흔들림 없는 정신과 투지를 갖추고 있다.

주인의식을 가져야 한다

아마존의 14가지 리더십 원칙 중 '고객에 대한 집착'이라는 첫 번째 원칙 다음이 주인의식이다. 아마존의 리더들은 주인이며, 주인의식을 가져야 한다는 것이다. 아마존의 리더들은 단기적 결과를 위해 장기적인 가치를 희생하지 않는다. 즉 장기적인 사고를 한다. 아마존의 리더들은 자신의 팀만을 위해서가 아니라 회사 전체를 위해 행동한다. 아마존의 리더들은 절대로 "그건 내 일이 아니야"라고 말하지 않는다.

진정한 주인의식은 아마존과 베조스에게 얼마나 중요한 것일까? 베조스가 진정한 주인의식에 두는 가치는 1997년과 2003년 주주서한에서 각각 언급한 "장기적인 사고가 중요하다"와 "장기적인 사고는 필요조건이자 진정한 주인의식의 결과"라는 말에서 드러난다.

전통적인 회사의 일부 임원들은 주인이 아닌 세입자처럼 행동한다. 그들은 회사 전체를 위해 일하지 않고, 심지어 자신의 팀을 위해서도 일하지 않으면서 개인적인 이익만을 추구한다. 이들에게 다음과 같은 일은 합리적이지 않은 것을 넘어서 완전히 미친 짓이다.

- **최고의 인재 채용 및 육성**: 이들은 아마도 이렇게 생각할 것이다. '나보다 더 뛰어나서 내게 도움이 되기보다는 위협적인 존재가 될 수도 있는데 굳이?'
- **절약**: '회사 돈인데 굳이 내가 신경 쓰지 않아도 되지.' 회사 돈은 이들의 돈이 아니다. 또한 이들은 자신이 회사 돈을 낭비하지 않더라도 어차피 다른 누군가는 회사 돈을 낭비할 것이라 생각하며 무책임하게 회사 돈을 쓴다.
- **깊게 파고들기**: '내 시간과 에너지를 굳이 쏟을 필요가 있어?'

라는 생각을 하면서 일이 잘못될 경우에는 남 탓을 한다.

- **소신 있는 반대 의견 표시와 의견 개진**: '굳이 다른 임원이나 상사의 의견에 문제 제기를 하는 것은 귀찮고 피곤한 일이며, 개인적인 관계와 진로에 해롭다'고 생각한다.
- **구체적인 성과물 도출**: '굳이 내가 힘든 일을 해결하려고 노력해야 할까? 그런 건 상사가 할 일이지. 그렇지 않고서는 리더가 팀원들보다 더 높은 급여와 나은 혜택을 받을 이유가 없지 않은가?'라고 생각한다.

이런 행동들을 통해 임직원이 진정한 주인의식을 가지고 있는지 관찰할 수 있다. 아마존의 14가지 리더십 원칙은 이 내용들(최고의 인재 채용 및 육성, 절약, 심도 있는 검토, 소신 있는 반대 의견 표시와 의견 개진, 구체적인 성과 도출)을 포함하고 있다.

진정한 주인의식이 없다면 이러한 행동들은 하나도 나타나지 않을 것이다. 이제 베조스가 어디서나, 특히 아마존 전체 회의 시간에 주인의식 개념을 공들여 언급하는 이유가 이해될 것이다.

강한 정신력을 가져야 한다

아마존에서 살아남아 성공하고, 베조스의 기준에 맞는 진정한 주인의식을 가진 빌더가 되려면, 대단히 강한 정신력을 가져야 한다는 것은 분명하다.

강한 정신력을 가진 사람은, 회피할 수 있는 쉬운 방법이 있는 데도 불구하고 해결하기 어려운 문제(베조스가 말하는 이른바 '기회')에 도전한다. 이들은 수많은 실패에 직면해도 재발명하고, 다시 실행하고, 안 되면 처음부터 다시 시작하는 과정을 멈추지 않고 반복한다.

강한 정신력을 가진 사람들은 불편하면서도 때로는 자신을 지치게 하는 반대 의견과 문제 제기를 견뎌낼 줄 안다. 이들은 좌절스러운 과정에도 불구하고 결코 현실에 안주하지 않고 어려움을 헤쳐나간다.

아마존 전 임원인 존 로스먼은 다음과 같이 말했다.

"베조스가 만든 치열한 경쟁 세계에서 성공하고 싶다면 다음과 같아서는 안 된다.

- 신세 한탄
- 자기 목소리 내지 않기
- 변화에 대한 회피
- 통제 불가능한 일들에 대한 에너지 낭비
- 다른 사람들의 기대를 충족시켜야 한다는 부담감
- 위험 감수에 대한 두려움
- 지나간 과거에 대한 집착
- 같은 실수의 반복
- 다른 사람의 성공에 대한 분노
- 실패를 겪은 후 포기하는 자세
- 자신이 부당한 대우를 받고 있다는 생각

• 즉각적인 결과 기대

가장 성공적인 결과를 내는 사람들은 매주 이어지는 스트레스 상황에서도 뛰어난 결과를 내는 사람들이다. 실패를 경험하고 호된 질책을 받아도 잠시 마음을 추렸다가 계속해서 앞으로 나아갈 수 있는 사람들이다."

베조스는 스스로 끊임없이 강인한 정신력을 보여주었다. 하지만 채용할 만한 지원자들이 모두 베조스만큼 강한 정신력을 보일 수 있는 것은 아니다. 베조스의 강인한 정신을 보여주는 사례들은 수없이 많은데, 많은 반대에도 불구하고 프라임 서비스를 과감히 추진하기로 한 결정이 대표적이다. 또한 반대를 무릅쓰며 60여 차례의 회의를 거친 끝에 그는 킨들의 초기 아이디어를 추진하기로 결심했고, 결국 킨들 출시 첫 해에 100만 달러라는 매출 성과를 냈다.

적합한 인재 영입을 위한 아마존의 노력

적합한 인재를 정의하는 것이 인재 채용의 중요한 첫걸음이라면, 아마존은 어떻게 체계적으로 인재를 채용하고 있을까? 일찍이 1999년에 IT 전문잡지 〈와이어드〉는 베조스의 독특하고 엄격한 채용 방식을 다룬 바 있다.

"베조스는 직원 채용 방식을 소크라테스식 질문법으로 바꿨다. 1995년 6월에 아마존닷컴의 다섯 번째 직원으로 입사했던 니콜라스 러브조이는 '제프는 아주 까다롭게 질문했어요'라고 말한다. 베조스는 끝없이 이어지는 채용 과정에서 지원자를 직접 면접한 후, 때때로 화이트보드에 지원자의 자질을 상세히 설명하는 차트를 그리면서 면접관들에게 까다로운 질문을 던졌다. 그는 조금이라도 의심이 들면 채용을 선택하지 않았다. '베조스의 모토 중 하나는 우리가 직원을 채용할 때마다 다음 채용을 위해 채용 기준을 높여야 한다는 것이었다. 그래서 전반적으로 인재풀이 계속해서 개선되고 있었다'라고 러브조이는 말한다."

베조스는 사업 성공을 위해서는 적합한 인재를 채용하는 것이 가장 중요하다고 굳게 믿고 있다. "채용 기준을 높게 설정하는 것이 아마존닷컴의 성공에 가장 중요한 요소였고, 앞으로도 그럴 것이다."

아마존의 초창기에는 베조스가 개인적으로 인재를 채용하는 것이 가능했다. 하지만 임직원 수가 75만여 명으로 급증한 지금, 더이상 그런 방식은 가능하지 않다. 그렇다면 아마존은 어떻게 전 세계에서 그 엄격하고 높은 채용 기준을 계속 유지하고 강화할 수 있을까?

아마존의 높은 채용 기준을 수호하는 바 레이저

바 레이저Bar raiser는 아마존의 채용방식 가운데 타 기업과 차별화된 독특한 방식이다. 채용 면접 자리에는 면접관들 가운데 예외 없이 바 레이저가 포함된다.

바 레이저들은 아마존 리더십 원칙의 수호자가 될 수 있을 정도로 잘 훈련된 직원 가운데 신중하게 선발된다. 이들의 임무는 아무리 사업이 긴박하다고 해도 절대 채용 기준치가 낮아지지 않도록 하고, 올바른 최종 채용 결정이 내려지도록 하며, 지속적으로 아마존 직원의 기준치를 높일 수 있도록 하는 것이다. 이들은 여러 가지 면에서 채용의 최종 방어선 역할을 하며 아마존 리더십 팀을 대신해 활동한다.

아마존에서 유능한 바 레이저로 명성을 얻는 것은 큰 영광이다. 바 레이저의 자격을 얻기 위해서는 진정한 주인의식을 가진 빌더여야 하며, 성공적으로 인재를 채용하고 유지한 성과가 많이 있어야 한다.

바 레이저는 보통 타 사업부의 면접에 배치되어 특정 사업부의 긴급한 인원 충원 필요성으로부터 독립적인 시각을 유지할 수 있다. 바 레이저가 맡은 과제는 3가지다.

첫째는 아마존의 리더십 원칙을 잣대 삼아, 지원자가 아마존에서 장기적으로 성장할 수 있는 잠재력을 갖고 있는지, 그리고 아마존의 인재 기준을 높일 수 있는지 평가하는 것이다.

두 번째는 베조스가 전에 그랬던 것처럼 각 면접관들과 면접 사후 평가를 실시해 모든 평가, 고려사항, 의문사항을 충분히 살피고 철저히 검토해서 올바른 결정을 내릴 수 있도록 하는 것이다.

세 번째는 인사담당자와 다른 면접관들의 면접 준비를 돕고, 높은 기준이 일관되도록 하며, 서면 피드백을 제공하는 것이다.

엄격한 채용 과정

적합한 인재 채용은 아마존에서 가장 중요한 의사결정이기 때문에, 아마존은 이를 위해 막대한 시간과 에너지를 투자하고 있다.

아마존에서 각 면접관은 면접을 진행하는 것 외에도 면접 결과 내용과 평가 및 채용 여부에 대한 개인적 의견을 상세하게 시스템에 문서화해야 한다. 다음에 면접에 참여하는 면접관은 앞서 이루어진 모든 면접 결과를 검토해서 그에 따라 질문을 조정한다.

면접이 끝난 후 면접관들이 정리해야 할 일은 대단히 많다. 바 레이저 또는 베조스와의 면접 사후 평가는 면접만큼 집중적으로 이루어지며 시간 또한 많이 소요된다. 어떤 질문들이 주어졌고 그 이유는 무엇인지, 그에 대한 지원자의 답변은 어땠으며 지원자에 대한 평가와 채용 여부 판단은 어떻게 진행됐는지 등 철저한 검토가 이루어지고 문서화된다.

면접을 마치고 나서 인사담당자와 바 레이저는 모든 기록과 면접 점수를 검토한다. 전체 브리핑이 필요할 경우에는 모든 면접관이 참석해야 한다. 회사가 긴급히 인원 충원을 해야 할 경우라도, 바 레이저는 지원자의 채용을 거부할 수 있는 권한을 가지고 있다. 위에서 언급한 바와 같이 바 레이저는 관련된 모든 이에게 서면 피드백을 제공할 의무가 있다.

최종적으로 채용 결정이 내려져 신입 사원이 채용되고 나서도 면접관들과 바 레이저의 일은 끝난 게 아니다. 신입 사원에 대한 후속 기록이 즉시 시작된다. 각 신입 사원의 업무 수행 정도, 아마존에 머무는 기간, 각 면접관의 판단이 얼마나 정확했는지가 모두 추적되고 문서화되어 이들을 포함해 관련된 모든 이에게 전달된다.

엄격한 일련의 채용 과정은 아마존이 채용에 엄청난 노력을 기울이고 있음을 보여준다. 그렇다면 기울인 노력에 비해 결과는 만족스러울까?

베조스의 대답은 "확실히 그렇다"이다. 사실 아마존의 엄격한 채용 과정은 일관성 있는 기준의 엄격한 시행과, 인재풀 및 조직의 인재 채용 역량이라는 2가지 모두에서 꾸준히 기준을 높이기 위해 의도적으로 설계된 자기강화 메커니즘이다.

대부분의 전통 기업에서 이루어지는 일반적 채용 방식과 비교해보면, 아마존의 방식은 매우 독특하고 효과적이며 체계적임을 알 수 있다.

많은 회사에서는 다양한 부서 또는 사업 부문이 직접 채용을 진행하길 원하기 때문에, 회사 전체에 일관된 채용 기준이 실시되기 쉽지 않다. 자체적으로 면접을 진행하므로 인력 충원이 시급한 경우에는 채용을 서두르기도 한다. 면접관의 개인적 선호와 해당 사업부의 즉각적인 인력 충원 필요성이 '회사에 지원자가 적합한지', '회사 내에서 지원자가 장기적으로 성장할지'에 대한 고려를 거의 또는 전혀 하지 않게 만든다. 처음엔 높았던 채용 기준의 문턱이 단기적인 필요에 의해 낮춰질 수 있다는 것이다. 그 결과 지속적으로 채용 기준치를 높이도록 설계된 아마존과 달리, 대부분의 회사들은 채용 기준이 약화될 것이다.

게다가 대부분의 기업에서 채용 면접은 거의 문서화되지 않으며, 설사 문서화되더라도 대단히 형편없거나 일반적이어서 거의 쓸모 없게 된다. 면접이 어떻게 진행되었는지, 지원자들은 어떻게 평가되었는지, 그리고 최종 결정은 어떻게 이루어졌는지에 대해 추적하기가 어렵다.

일단 신입 사원이 입사하면 그 책임 소재는 채용 팀에서 교육 팀으로, 그리고 성과관리팀으로 이동한다. 신입사원의 성과가 저조하더라도 채용 과정에 누가 관여했는지 파악하거나 어떤 요소를 놓쳤는지 확인하거나 다음에는 어떻게 개선해야 할지 검토하지 못하게 된다. 또한 채용 팀이나 면접관에 대한 피드백이 없으므로 이들은 역량이나 실무 능력을 향상시킬 수 없다.

셀프 선택 메커니즘

아마존은 고객들의 쇼핑 경험만큼이나 지원자들이 좌절감을 경험하지 않고 채용되기를 원한다. 그래서 아마존은 회사 웹사이트에 다음과 같이 지원자들에게 도움이 되는 가이드를 게시하고 있다.

- **팁 1. 리더십 원칙**: "지원자가 면접을 준비하는 가장 좋은 방법은 이전의 직업에서 리더십 원칙을 어떻게 적용했는지 숙고해 보는 것입니다."
- **팁 2. 실패**: "아마존은 지원자가 위험을 감수하고, 실패하거나 실수하고, 그 결과로 성장하거나 성공한 구체적인 사례를 가지

길 권장합니다." 아마존이 실패를 강조하는 이유는 실패가 혁신과 발명에 필수적인 부분이기 때문이다.

- **팁 3. 글쓰기**: "일부 직무의 경우에는 지원자에게 문서 작성을 요구할 수 있습니다." 아마존에서는 오랫동안 파워포인트 사용이 금지되어 왔고, 대신 서술형 문서를 사용하기 때문이다.

이 같은 팁은 지원자들에게 도움이 되면서도 아마존에도 역시 이로운 것이다. 이 팁들은 적합하지 않은 지원자들의 지원을 사전에 미리 막기 위해 고안된 것이기 때문이다.

지원자들은 아마존의 리더십 원칙과 과거의 실패에 대해 생각해보고 글쓰기를 준비하는 과정에서 자신의 성격, 선호, 역량 등을 평가한다. 그리고 그것들이 아마존에 적합한지 여부를 진지하게 생각하게 된다. 요컨대 아마존의 투명한 인재 기준이 채용을 '셀프 선택'으로 바꾼 것이다.

보상 체계 역시 적합한 직원의 채용을 극대화하기 위해 같은 맥락에서 설계됐다. 아마존 보상 체계의 목적은 진정한 주인의식과 장기적 사고를 가진 진정한 빌더를 찾아내는 것이다.

아마존은 절약으로 악명이 높다. 구글과 페이스북과 같은 다른 거대 디지털 기업들이 직원들에게 제공하는 과감한 직원 복지혜택은 아마존에서는 분명 불가능할 것이다. 아마존 직원들은 심지어 직장에서 주차비까지 일부 지불해야 한다.

아마존에서 직원에 대한 보상은 높은 급여 대신 스톡옵션으로 이루어진다. 베조스는 이에 대해 일찍이 1997년 주주서한에서 밝힌 바 있다. 월드와이드 컨슈머 사업부의 CEO 제프 윌크와 AWS의 CEO 앤디 재시의 연봉은 17만 5,000달러에 불과했다. 또한 베조스는 임원 보너스가 내부 조직 간의 협업에 좋지 않다고 보고 2010년 7월에 지급을 중단했다.

아마존에서는 대부분의 보상이 주식으로 이루어진다. 스톡옵션의 권한확정기간 역시 대개 장기 근무를 유도하는 방향으로 구성되어 있으며, 1년차 5%, 2년차 15%, 그리고 향후 4년 반 동안 각 해에 20%씩 행사 가능하다. 이는 대부분의 첨단기술기업 임직원들이 4년간 매년 25%씩 스톡옵션을 행사할 수 있는 것과는 매우 다른 것이다.

자신의 커리어를 진지하게 생각하며 지원 전 아마존에 대해 어느 정도 시간을 할애해 알아보는 사람이라면 아마존이 어떤 인재를 찾고 있는지, 어떤 보상책을 제시하고 있는지 등을 명확히 판단할 수 있다. 아마존은 단기적으로 높은 급여나 풍족한 직원 복지 혜택, 그리고 편안한 일상 업무를 찾는 사람들에게는 맞지 않는 직장일 것이다.

요컨대 아마존은 지원자들이 자신의 적합성 여부를 스스로 판단해 지원 여부를 선택하기를 바란다. 이것이 베조스가 말하는 '셀프 선택 메커니즘'이다.

인재를 머물게 하는 자기 강화 메커니즘

아마존의 인재 기준치는 매우 높고 그조차도 지속적으로 높아지고 있으며, 단기적인 현금보상도 그다지 크지 않다. 이런 상황에서 아마존은 어떻게 장기적으로 진정한 주인의식과 강한 정신력을 가진 빌더들에게 동기를 부여하고 유지할 수 있을까?

그 답은 빌더들이 '좋아하는 것'과 '싫어하는 것'이라는 2가지 측면에서 찾을 수 있다.

인재들은 관료주의를 싫어하고 도전을 좋아한다

빌더들이 가장 싫어하는 것은 무엇일까? 바로 관료주의다. 관료주의는 느리고 숨 막히게 하며, 많은 경우 빌더들이 원하는 방식으로 일이 진행되는 것을 가로막는다.

베조스는 관료주의를 혐오한다. 그 이유를 알기 위해선 그의 어린 시절로 거슬러 올라가봐야 한다. 진정한 빌더였던 베조스의 할아버지 로렌스 프레스턴 자이스도 관료주의를 혐오했다. 제2차 세계대전 동안 자이스는 미 해군 중령으로 복무했고 1950년대 후반에는 미국 국방성의 연구개발을 담당하는 고등방위연구계획국DARPA에서 우주공학 미사일 방어 시스템 분야 전문가로 일했으며, 원자력위원회에서는 2만 6,000명의 직원을 관리했다. 1968년 53세 때 자이스는 워싱턴 행정부 상사의 관료주의적인 태도로 갈등을 겪다 원자력위원회에서 사임한다. 그가 관료주의에 대해 느꼈던 분노는 오늘날에도 어렵지 않게 상상할 수 있다.

자이스는 베조스의 인생에 큰 영향을 미친 사람이다. 아마도 그가 베조스의 첫 번째이자 최고의 멘토였을 것이다. 그는 베조스에게 자립과 지혜의 가치뿐 아니라 비능률에 대해 강한 혐오감을 심어 주었다.

관료 조직은 무사 안일주의로 가득 차 있다. 관료 조직에서는 의사 결정에서 실행에 이르기까지 모든 것이 천천히 움직이는 것처럼 보인다. 특히 결과, 성과, 책임, 실행 과제가 흐릿해진다. 정해진 궤도를 이탈하거나 혁신할 수 있는 여지가 전혀 없이 표준운영절차를 따라야 하고, 복잡하고 긴 승인 절차를 거친다. 이런 분위기는 발명을 좋아하고 관습에 얽매이지 않는 방법을 시도하는 빌더들에게 매우 혐오스러운 것이다. 이들은 주저하지 않고 바로 달려들어 실행하고 싶어 한다.

무엇보다도 빌더들은 도전을 좋아한다. 진정한 빌더들에게는 대부분의 사람들 기준에서 해결하기가 어렵거나 심지어 불가능해 보이는 문제들이 완전히 다르게 다가온다. 그들은 이러한 문제들을 흥미진진하고 최고의 흥분을 주는 기회, 직업과 관련해 가장 즐거움을 주는 일로 본다.

1999년에 아마존이 제프 윌크에 대한 영입을 시도했을 때, 윌크는 얼라이드 시그널의 부사장으로 전설적인 CEO 래리 보시디(이 책의 저자인 램 차란과 공동 저술한 세계적인 베스트셀러《실행에 집중하라》공동 저자)에게 직접 보고하는 위치에 있었다. 윌크가 아마존에 합류하게 된 것은 '독특한 유통망을 구축하고 초기 단계의 산업에 참여할 수 있는, 얼라이드 시그널에서는 찾을 수 없는 기회를 봤기 때문'이었다. 기존에 존재하지 않는 것을 창조하는 도전은 많은 사람들을 겁먹게 할 수도 있지만, 진정한 빌더들에겐 무엇보다 매혹적으로 느껴지게 된다.

2004년 어느 날, 스티브 케셀은 갑자기 회사의 신규 디지털 부문을 맡아 (훗날 킨들이 된) 새로운 제품을 만들어 보라는 베조스의 지시를 받고는 이 새로운 도전에 바로 흥분했다. 오늘날과 달리 아마존은 당시 디지털 기기에 대한 경험이 전혀 없을 때였다. 앤디 재시는 2013년에 이에 대한 자신의 생각을 공유한 바 있다.

"1분기 넘게 장기적으로 아이디어를 구상하는 곳, 사업(또는 고객 경험) 영역을 검토할 때 기존의 관습으로 가로막지 않는 곳, 해당 영역에서의 경험과는 상관없이 새로운 기업가적 모험을 할 기회를 주는 곳, 세상을 바꾸고 싶어 하거나 기민하고 창의적이며 큰 생각을 품고 있고 실행력이 있으며 결과물을 내놓는 야심찬 빌더들을 고용하는 곳은 아마존 외에 떠올릴 수 없다. 그래서 나는 16년이 지난 지금도 아마존을 떠나지고 않고 있다. (…) 아마존은 빌더에게 꿈의 직장으로, 세상을 변화시킬 기회를 원하는 사람에게는 이보다 더 좋은 직장이 없다."

앤디 재시는 23년이 지난 오늘날에도 여전히 아마존에 남아 있다. 제프 윌크와 스티브 케셀 또한 21년이 지난 지금까지 여전히 아마존에서 일하고 있다. 총 18명으로 구성된 일명 'S팀(베조스를 비롯한 아마존의 핵심 임원진과 베조스에게 직접 보고를 올리는 임원 및 일부 2급 고위 임원)' 중 절반이 20년 이상 회사에 몸담고 있다. 불과 25년밖에 안 된 회사로서는 놀라운 일이 아닐 수 없다.

성장을 꿈꾸는 야심가들의 천국으로 만들어라

아마존은 성장을 지향하고 기업가적인 경험을 열망하는 젊고 야심찬 영혼들에게 천국 같은 곳이다. 아마존의 신입 사원들은 입사 초기부터 주인의식을 가질 수 있는 놀라운 경험을 하게 된다. 이들은 프로젝트 팀에 배정되면 자신과 관련된 모든 직무에 노출되고 관여하게 되며, 수백만 명의 고객들에게 잠재적으로 영향을 미칠 수 있는 결정을 내리고 제품을 만든다.

베조스는 2014년 주주서한에서 자부심을 내비치며 1시간 내 배달 서비스인 프라임 나우에 대해 이같이 말했다.

"프라임 나우 서비스는 아이디어를 떠올린 지 111일 만에 출시되었다. 소규모 팀이 소비자용 앱을 구축하고 도심형 창고를 확보했으며, 판매할 2만 5,000개의 물품을 결정해서 입고함과 동시에 신규 직원을 채용했고, 서비스를 반복해서 테스트하고, 내부용 소프트웨어(창고 관리시스템과 배달 운전자용 앱)를 새로 설계한 후 공휴일 기간에 맞춰 출시했다."

만약 당신이 운 좋게 처음부터 이 팀에 속하게 됐다면, 이를 통해 당신이 학습하고 얻게 될 다양한 재능은 상상을 훨씬 뛰어넘었을 것이다. 바로 이러한 경험이 야심찬 젊은 인재들을 끌어들이고 유지하는 것이다. 물론 모든 이들이 이러한 기회를 좋아하지만은 않을 것이다. 일부 전직 아마존 직원들은 "엔지니어들을 너무 많이 일하게 한다"고 불평했다.

다시 말하지만, 이 또한 '셀프 선택 메커니즘'에 의해 선택될 수 있는 것이다.

인재들은 최고의 기준에 끌린다

아마존의 높은 기준 또한 야심차고 능력 있는 인재들을 끌어들이는 데 중요한 역할을 하고 있다. "최고의 기준을 고집하라"가 아마존 리더십 제7원칙이다.

"아마존 리더들은 대단히 높은 기준을 가지고 있다. 많은 사람들은 이러한 기준이 터무니없이 높다고 생각할 수도 있다. 리더들은 지속적으로 높은 품질의 제품, 서비스 및 프로세스를 제공하기 위해 자신의 팀을 이끈다. 리더들은 결함이 발생된 채로 일이 진행되지 않도록, 그리고 문제가 해결될 수 있도록 책임진다."

왜 최고의 기준이 중요할까? 베조스는 "인재들은 높은 기준에 이끌리며, 이는 채용과 유지에 도움이 된다"고 믿는다. 젊고 야심찬 인재들이 성장하도록 도울 수 있는 방법 중 '대단히 높은 기준 설정'보다 더 좋은 방법이 있을까?

최고의 인재들을 차지하기 위한 경쟁

베조스는 적합한 인재에 대해 정의하고, 그들을 채용해서 동기부여하고 유지하는 일이 매우 중요하지만 그것만으로는 충분하지 않음을 알고 있다. 그는 아마존이 적극적으로 최고의 인재를 찾기 위해 부단히 노력해야 한다고 생각한다.

최고의 인재들을 끌어들여야 하는 도전과제는 흥미롭게도 역설적인 상황에 놓인다. 최고의 인재들은 대개 적극적으로 구직에 나서는 사람들이 아니기에 취업 시장에서 찾기가 쉽지 않다. 다른 한편으로 이들을 탐내는 기업은 언제나 많아서 이들은 늘 은밀하게 열렬한 구애를 받는다.

최고의 인재를 영입하는 임무는 인사담당자에게 완전히 위임할 수도 없고 위임되어서도 안 되는, CEO가 나서야 할 일이다. 이런 최고의 인재들과 CEO, 설립자, 회장, 최고 경영자와의 직접적인 교감이 최종 결정에 결정적인 역할을 할 수 있다.

아마존으로 영입되기 전 월마트에서 임원으로 일했던 릭 달젤에 대한 구애를 예로 들어보자. 달젤은 아마존에서 10년간 재임하면서 오랫동안 베조스의 오른팔 역할을 한 인물이다. 그는 최고정보책임자CIO로서의 업무 외에도 임직원과 조직을 발전시키는 데 핵심적인 역할을 했다. 그는 적시에 적합한 인재를 영입해 많은 인재를 길러냈다. 현재 AWS의 CEO인 앤디 재시 또한 달젤이 길러낸 많은 인재 중 한 명이다.

베조스가 달젤을 영입하기까지는 반년이 넘는 시간이 걸렸다. 베조스와 당시 아마존 최고재무책임자CFO였던 조이 코비는 1997년 초부터 달젤에 대한 영입을 시도했다. 당시 달젤은 월마트의 고위 임원이었다. 달젤이 거듭해 영입을 거절하면서 초기의 영입 시도는 성공적이지 않았다.

마침내 이들의 첫 미팅이 이루어졌지만, 그건 마치 저주라도 받은 만남 같았다. 달젤은 항공사의 실수로 짐을 잃어버리고, 베조스는 그에게 실수로 커피를 쏟았기 때문이었다.

하지만 베조스는 본래 쉽게 포기하는 사람이 아니다. 그는 뚝심 있게 달젤을 영입하는 데 꾸준히 공을 들였다. 베조스는 코비에게 몇 주마다 한 번씩 달젤의 아내에게 전화를 걸도록 지시했다. 베조스는 달젤을 만나기 위해 유명 벤처 투자자인 존 도어를 동원했고, 심지어 달젤을 저녁 식사에 초대하기 위해 코비와 함께 월마트 본사와 달젤의 가족이 있는 벤튼빌로 날아가기까지 했다.

결국 이들의 노력은 결실을 맺어 달젤은 그날의 저녁식사 자리 이후 아마존에 합류하기로 결심한다. 하지만 얼마 후 달젤은 '온 가족이 벤튼빌에서 시애틀로 이동하는 것은 불가능하다'며 마음을 바꿨기에 기쁨도 잠시뿐이었다. 이러한 좌절에도 불구하고 베조스는 달젤의 가슴에 아마존이라는 씨앗을 심는 데 성공했다. 시간이 흐를수록 그 씨앗은 싹을 틔우고 커가기 시작했다. 결국 사실상 아마존 채용팀의 일원이나 다름없던 달젤의 아내가 그에게 결정을 내리라고 설득하면서 달젤은 1997년 8월 아마존 CIO로 입사하게 된다.

달젤의 사례는 최고의 인재를 얻는 일이 결코 쉬운 일이 아님을 보여준다. 최고의 인재들은 당신의 기업뿐 아니라 계속해서 다른 예비 고용주들로부터 전화를 받을 것이고, 동시에 그들의 기존 고용주 또한 그들을 붙잡아 두기 위해 매력적인 인센티브를 제안할 것이다. 달젤을 영입하기 위해 공들인 베조스가 그랬던 것처럼, 당신은 인재 영입을 위해 끈질기고 집요하게 노력하고 연구해야 한다. 인재 영입을 위해 기울이는 당신의 모든 노력은 헛되지 않을 것이다.

베조스가 말했듯, 결국 '직원이 곧 회사'니 말이다.

· · ·

아마존 경영관리시스템의 6가지 경영원칙 중 기초가 되는 것은 2가지다. 이 2가지가 없으면 다른 모든 경영원칙들은 무너져 내려 전체 시스템이 붕괴할 것이다. 그렇다면 그 2가지는 무엇일까? 이번 장에서 상세히 설명했던 아마존 직원들의 기준치를 높여주는 인재 풀(경영원칙 2)이 그 중 하나이고, 다른 하나는 AI 기반 데이터 및 측정지표 시스템(경영원칙 3)이다.

효율성을 위해 일상적인 운영이 쉽게 이루어지도록 하고, 지속적인 개선과 혁신 및 발명을 위해 조직의 에너지를 더욱 확보하는 것이 매우 중요하다. AI 기반 데이터 및 측정지표 시스템이란 무엇이며, 어떻게 작동하는지에 대해 다음 챕터에서 자세히 알아보도록 하자.

FOREVER
DAY 1

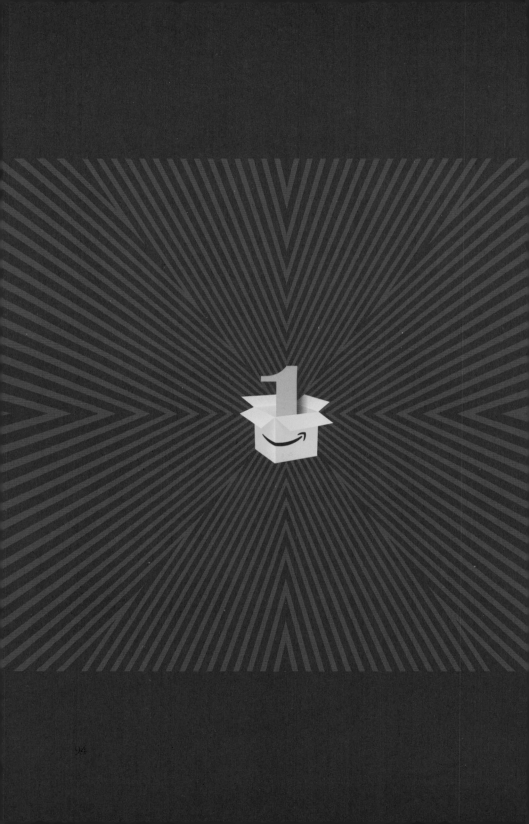

아마존의 회의를
경험해보면
컴퓨터 강의실에 들어왔나
생각할지도 모른다.

제프 베조스, 2010년 주주서한에서

95

아마존이 활용하는 데이터와 측정지표 시스템은 상당히 세분화되어 있으며 매우 정밀하다. 내부 운영에 대해 사일로(silo, 회사 내에서 담을 쌓고 다른 부서와 소통하지 않는 부서 또는 현상·문화를 가리키는 말-옮긴이)와 계층을 뛰어넘어 모든 것을 투명하게 볼 수 있는 데이터가 생성되고, 실시간으로 데이터와 인풋을 추적할 수 있다. 특히 AI를 활용하여 이런 방대한 데이터를 구동하기 때문에 모든 데이터와 측정지표가 실시간으로 추적·측정·분석되고, 일상적인 결정은 자동화할 수 있으며,이상징후를 사전에 파악하거나 새로운 통찰력을 찾아내는 중요한 원동력이 된다.

• 답은 숫자에 있다

　대단히 세부적인 데이터 및 측정지표 관리

　투명한 엔드투엔드 데이터

　실시간 데이터 추적

　인풋 추적

　신뢰하되 검증하라

• 빌더들을 자유롭게 하는 데이터 및 측정지표

　임원진을 일상적인 업무로부터 자유롭게 한다

　일선 직원이 신속히 움직일 수 있도록 권한을 준다

　지속적으로 조직의 기준을 높여준다

• AI로 구동되는 강력한 디지털 도구

　아마존의 디지털 도구 활용 사례

　자동화된 가격 책정

AI 기반 데이터 및
측정지표 시스템

거대한 비즈니스 제국인 아마존을 운영하는 것은 의심의 여지없이 많은 면에서 벅찬 도전이다. 전 세계에 걸친 다양한 사업, 거대한 운영 규모와 범위는 전례가 없을 정도로 복잡하니 말이다. 만약 당신이 이 거대한 제국을 관리하는 중요한 책임을 맡았다면, 아마도 일상적으로 처리해야 할 업무들에 파묻힐 것이다.

하지만 놀랍게도 베조스는 일상적인 업무에 시간을 거의 쓰지 않는다. 2019년 2월 뉴욕의 예일 클럽에서 그는 "나는 주로 2~3년 안에 일어날 일들에 신경 쓸 수 있도록 시간을 사용하려고 한다"고 말했다. 베조스는 최고 임원들에게도 이와 같이 해달라고 요청한다. GE 회장이었던 잭 웰치 또한 비슷한 생각을 가지고 있다.

이것은 베조스가 불간섭주의를 표방하는 경영자이기 때문일까? 절대 그렇지 않다. 간섭주의와 불간섭주의라는 스펙트럼으로 보면, 베조스는 대단히 심도 깊게 파고들며 관여하는 경영자 중 둘째가라면 서러워 할 사람이다. 그렇다면 이 모순을 어떻게 받아들여야 할 것인가?

디지털화 없이는 불가능한 일이다. 베조스의 비결은 중요한 모든 자료를 추적·측정·분석할 수 있는 세계적 수준의 AI 기반 데이터와 측정지표 시스템에 있다. 이 시스템에서 통찰력이 나오며, 일상적인 결정이 자동화되어 이루어진다.

이 AI 기반 데이터와 측정지표 시스템은 베조스와 임원들, 그리고 일선 직원들을 일상적인 일과 관련된 불가피한 관료주의로부터 자유롭게 하고, 아마존 경영관리시스템의 핵심인 강력한 AI 기반 분석을 가능하게 한다.

답은 숫자에 있다

제프 베조스는 숫자에 능한 사람이다. 그는 독특하게도 숫자로 세상을 이해하고, 인생을 즐기며, 아마존을 경영한다.

어렸을 때 베조스는 조부모와 함께 장거리 운전여행을 하곤 했는데, 차 안에서의 긴 시간 동안 그는 간단한 계산 문제로 시간을 보냈다. 베조스는 2010년 프린스턴 졸업식 연설에서 당시의 일화를 언급한 적이 있다. 그는 '담배를 한 모금 피울 때마다 사람들의 수명이 몇 분씩 단축된다'는 금연 공익광고를 들은 후, 할머니에게 "할머니는 한 모금에 2분씩 지금까지 총 9년의 수명을 단축시키셨어요!"라고 말했다는 것이다.

믿을 수 없을 정도의 계산 실력으로 보일 수도 있지만, 이것은 베조스에게 간단한 일이었다. 그는 할머니가 하루에 피우는 담배의 대략적인 개수와 담배 당 빨아들이는 횟수를 바탕으로 재빨리 머릿속에서 이 같은 계산을 했다(하지만 그날 베조스는 할아버지로부터 영리한 사람보다 친절한 사람이 더 낫다는 귀중한 인생의 교훈을 배웠다).

베조스는 이 같은 수학적 감각으로 경제와 생활 거의 모든 측면에 관련된 거대기업 아마존을 설립하고 운영해 빠르게 성장시켰다. 아마존에서 베조스가 직원들에게 질문을 던지면, 직원들은 답을 할 수 있는 다른 선택의 여지가 없다. 만약 직원이 전문용어를 사용하거나 다른 방법으로 답하면, 그는 베조스에게서 "답은 숫자에 있습니다!"라는 한소리를 들을 것이다. 아마존의 모든 임직원들은 품질 관리의 아버지인 에드워드 데밍(품질 관리 분야를 개척한 전설적 경영 사상가)의 "신이 아니고서는 근거 데이터를 가져와야 믿을 수 있다"는 유명한 말을 알고 있다.

아마존의 많은 임직원들이 하루일과 중 가장 먼저 하는 일은 수치를 보는 것이다. 이들 중 상당수는 침대에서 일어나기도 전에 스마트폰을 보며 매일 이 의식을 치른다. 이들은 숫자의 달인이 되어 실제로 어떤 일이 일어나고 있는지를 분석하고 있다.

베조스는 아마존에 적합한 인재를 정의하는 독특한 기준을 가지고 있는 것과 마찬가지로, 강력한 데이터와 측정지표란 어떤 것인지에 대한 독특한 기준 역시 가지고 있다.

대단히 세부적인 데이터 및 측정지표 관리

실행을 할 때는 세부사항을 알고 이에 따라 실행하는 것이 중요하다. 아마존이 데이터와 측정지표를 세부적으로 관리하는 수준은 사람들의 상상을 훨씬 뛰어넘는다. 아마존 외부의 사람들은 이에 대해 '놀랍다'는 반응을 먼저 보인다.

예를 들어보자. 새로 지을 데이터 센터의 위치를 선택할 때 아마존은 몇 가지 요소를 고려했을까? 5가지? 10가지? 또는 수십 가지였을까? 2015년 아마존은 중국의 작은 도시 중웨이시에 데이터 센터를 지었다. 당시 아마존은 중국에 지을 첫 데이터 센터를 선택할 때 무려 282개의 측정지표가 있는 체크리스트를 사용했다고 한다.

만약 당신이 회사의 연간 목표를 세운다면, 몇 개의 항목을 나열할 것인가? 아마존은 베조스가 2009년 주주서한에서 밝힌 대로 2010년에 452개의 세부 목표를 확정지었다. 하지만 목표만으로는 충분하지 않다. 아마존은 각 목표의 책임 주체, 책임 주체별 목표, 목표 완료일 또한 구체적으로 명시했다.

만약 당신이 아마존에서 제3자 책 판매를 담당한다면, 매일 얼마나 많은 측정지표를 봐야 할까? 5가지? 10가지? 또는 수십 가지일까? 아마존은 25페이지에 달하는 다양한 측정지표를 정리했는데, 다음은 그 중 일부다.

- 주문 결함률ODR : 고객의 분명한 불만, 낮은 고객 만족도 점수, 분쟁 등 고객의 부정적인 피드백이 있는 주문의 비율

- 사전 이행 취소율: 선적 전에 취소된 주문의 비율
- 지연 배송률: 계약일보다 늦게 도착한 주문의 비율
- 환불률: 환불이 발생한 주문의 비율
- 주문 당 연락 횟수: 각 주문에 사람이 개입해서 주문자와 연락하는 평균 횟수
- 베스트셀러, 키워드, 작가, 출판사, 제3자 책 판매사업자
- 가장 많이 검색된 책, 키워드, 작가, 출판사, 제3자 책 판매사업자
- 웹 페이지를 로드하는 데 걸리는 시간

일반적인 세부 지표의 2~3배가 넘는, 무려 25페이지에 이르는 세부 측정 지표를 상상해 보라. 당신은 아마도 25페이지가 너무 많다고 생각할 수도 있다. 사실 이것도 원래 70페이지가 넘는 목록을 줄인 것이다. 만약 아마존 직원이 어떤 지표들을 깊이 파고들길 원하면, 아마존의 내부 시스템에 접속해서 데이터와 측정지표의 바다에 빠져들 수 있다.

투명한 엔드투엔드 데이터

대부분의 전통적인 기업에서 데이터 수집은 사일로별, 직급별, 관련 주체별로 분리된다. 각 부서 또는 팀은 해당 사업 운영과 관련해 생성 및 수집된 데이터만을 볼 수 있다. 예컨대 판매부서는 매출액을 볼 수 있고, 마케팅부서는 마케팅 비용을 볼 수 있으며, 생산

부서는 주문생산 현황표를 볼 수 있고, 재무부서는 재고 회전율, 재무현황, 현금 창출 능력 자료를 볼 수 있다. 하지만 각 SKU_{Stock Keeping Unit}(개별적인 상품에 대해 재고 관리 목적으로 추적이 용이하도록 하기 위해 사용되는 식별 관리 코드-옮긴이)에서 이 모든 데이터 포인트를 연결해 어떤 제품이 가장 좋은 현금 흐름과 순이익을 내는지 파악하기란 매우 어려울 것이다.

이러한 유형의 조직에서는 다른 사일로의 데이터를 얻는 것이 거의 불가능하다. 정보 공유는 기밀유출에 대한 우려, 개인적 감정에 따른 거부, 중요한 정보의 고의적인 누락 및 왜곡, 정보 전달의 지연 등 여러 가지 이유로 잘 이뤄지지 않을 수 있다. 이런 조직에서는 정보 공유를 할 수 없는 그럴듯한 이유와 변명이 계속해서 더욱 늘어날 것이다. 왜 그럴까? 많은 경우 정보가 권력의 근간이 되기 때문이다.

그렇기 때문에 데이터 투명성은 전통적인 기업들이 디지털화에 착수할 때의 첫 단계 중 하나다. 더 이상 데이터를 비축해 놓기만 해서는 안 된다. 앞서 우리가 1장에서 언급했듯, 데이터는 디지털 시대의 새로운 자본이다. 이런 의미에서 모든 데이터는 한 개인이나 부서가 아니라 회사 전체의 것이다.

아마존에서는 하나의 소규모 팀이 하나의 제품이나 서비스에 대해 엔드투엔드 책임을 부여받는다. 어떻게 하면 이 팀이 좋은 성과를 내도록 할 수 있을까? 최고의 인재를 선발했다면, 그 다음으로 중요한 요소는 사일로나 직무에 의해 분리되지 않고 엔드투엔드 데이터를 이용할 수 있도록 하는 시스템이다. 이러한 데이터 지원 없이 사업을 운영하는 것은 칠흑 같은 어둠에서 운전하는 것처럼 힘들 것이다.

엔드투엔드 데이터 투명성은 이런 의미에서 사일로를 해체하고 각자에게 책임감을 부여하는 효과적인 메커니즘이다.

실시간 데이터 추적

많은 기업에서 사업 점검은 분기별 또는 월별로 이루어진다. 회계처리에 필요한 시간 때문에 1분기 검토는 4월 10일 전후, 5월에 진행된 사업에 대한 검토는 6월 10일 전후에 진행되는 것이 일반적이다.

우리가 경험했던 한 회사의 실제 사례다. 이 회사 핵심고객관리 사업부의 1분기 실적 검토는 4월 15일에 열렸다. 이 사업부의 부사장은 자신의 팀과 함께 회의에서 상위 20개 고객별로 1분기 실적과 예산을 비교했다. 격차가 큰 특정 고객의 경우 분기별 실적에서부터 월별 실적까지 조사했더니, 1월 매출은 예산에 부합했지만 2월과 3월 예산 대비 매출이 갑자기 감소한 것으로 나타났다. 그는 책임자에게 어떤 이유 때문인지 묻고, 팀과 함께 해결 방법에 대해 브레인스토밍을 한 후, 그 자리에서 4가지 실행계획을 도출해 추진키로 했다.

이 부사장에 대해 어떻게 생각해야 할까? 세부적인 사항을 놓치지 않는 캐치 능력, 실행력, 바로 결정을 내리는 과단성에 대해 칭

찬해야 할까? 전통적인 기준으로 볼 때 그는 훌륭한 리더일수도 있지만, 그러한 사업 운영 방식은 디지털 시대에 앞서나가기에 턱없이 부족하다. 4월 15일에 취해지는 조치는 이미 두 달 반이나 늦기 때문이다.

아마존에서는 이런 데이터를 시차 없이 실시간으로 추적한다. 관련 직원들은 매일, 매시간 또는 실시간으로 결과를 검토할 수 있다. 실시간 데이터와 측정지표 시스템으로 무장했다면, 앞에서 언급한 고객 담당자는 빠르면 2월 초 또는 1월 말에 이상 징후를 감지해 자신의 권한으로, 또는 많아야 1단계 위로부터의 승인을 받아 문제를 조정할 수 있었을 것이다. 두 달 반이라는 시간을 낭비할 필요가 없었을 것이다. 경우에 따라서 당신 회사의 운명이 2개월 반 또는 2일 반 만에 결정될 수도 있다.

인풋 추적

인풋 추적은 아마 아마존의 데이터 및 측정지표 시스템의 가장 독특한 측면일 것이다. 대부분의 기업은 목표를 정할 때 매출 증가, 매출 총이익, 순이익에 초점을 맞춘다. 하지만 아마존이 2010년 공표한 452개 목표 중 매출이란 단어는 8번, 잉여현금흐름이란 단어는 4번밖에 사용되지 않았다. 당기 순이익, 매출 총이익, 영업이익이라는 용어는 한 번도 사용되지 않았다.

왜일까? 매출액, 매출 증가, 매출 총이익, 순이익은 아웃풋이다. 아마존은 좋은 아웃풋이 나오게 하려면, 문제의 진상을 규명하기 위해 인풋을 추적할 필요가 있다고 생각한다.

아마존이 웹 페이지를 로드하는 데 필요한 시간을 추적하는 이유는 무엇일까? 데이터를 분석해본 결과 '0.1초의 웹페이지 로딩 지연도 고객 활동의 1% 감소로 이어질 수 있다'는 것을 보여주기 때문이다.

아마존은 왜 주문 당 연락 횟수라는 지표를 추적할까? 각각의 접촉, 즉 고객과의 인간적인 상호작용은 시스템에 결함이 있을 가능성과 함께 크든 작든 비용이 발생한다는 것을 나타내기 때문이다. 실제로 아마존은 주문 당 연락 횟수를 추적해서 이를 공격적으로 90%가량 줄임으로써, 2002년에는 수익성을 크게 개선해 처음으로 영업이익을 플러스로 돌아서게 했다.

신뢰하되 검증하라

아마존에서는 각각의 고객 불만이 데이터와 측정지표에 의해 관리돼야 한다. 고객 불만 해소에 대한 근거 없는 약속은 통하지 않는다. 근거 없는 약속을 한 사람은 아마존에서 오래 머물 수 없다.

베조스는 '깊게 파고들어라'라는 아마존 리더십 원칙을 정확히 구현하고 있다. "리더들은 모든 업무의 세부사항을 알고, 현황을 수시로 점검하며, 측정지표와 실제 상황이 다르면 의문을 가져야 한다. 어떤 업무도 소홀히 지나치지 않으며, 자신이 직접 검증하기 위해 시간과 에너지를 투자해야 한다."

예컨대 2000년 크리스마스 시즌에 가진 임원회의 중 베조스는 고객 서비스 부서장에게 고객의 대기 시간이 얼마나 되는지에 대해 물었다. 고객 대기 시간이란 고객 서비스 담당자가 전화를 받을 때까지 고객이 기다려야 하는 시간을 나타내는 지표다. 부서장은 어떤 근거 제시도 없이 1분이 채 되지 않는다고 대답했다.

하지만 베조스의 독수리 같은 눈은 이를 놓치지 않았다. 베조스는 회의실 한가운데에 있는 스피커폰으로 아마존 콜센터 번호인 800번을 누르고, 시간을 재기 위해 시계까지 벗어서 테이블 위에 올려놓았다.

콜센터에 연결되기까지 베조스는 얼마나 기다려야 했을까? 그는 1분도 2분도 아닌 무려 4분 30초를 기다려야 했다. 의심할 바 없이 그 임원에게는 그 4분 30초라는 시간이 영원처럼 느껴졌을 것이다.

왜 베조스는 전체 임원들의 귀중한 4분 30초를 얼핏 '사소해 보일 수도 있는 일'에 사용했을까? 두 가지 이유 때문이었을 것이다.

첫째, 정말로 고객에 집착하는 베조스에게는 이것이 결코 사소한 일이 아니라, 다른 무엇보다 가장 중요한 고객 경험이었다. 대개 고객들은 불쾌한 경험이나 답답한 문제 때문에 고객센터에 전화를 하기 마련이다. 그런 고객들에게 오랜 상담 대기 시간은 불만과 분노를 악화시킬 것이 뻔하다.

둘째, 베조스는 이 사례를 통해 어떤 업무도 소홀히 하지 않아야 하며, 검증하기 위해 시간과 에너지를 직접 투자해야 한다는 '깊게 파고들라'의 리더십 원칙을 몸소 보여주었다. 그 임원에게는 피를 말릴 정도로 길었던 4분 30초라는 시간을 통해, 회의 자리에 있던 임원들과 이 일화에 대해 들은 모든 사람들은 확실히 이 원칙을 잊지 않을 것이다. 그는 효과적인 코칭 방법을 사용한 것이다.

베조스 자신은 어떻게 근거를 대며 자신의 생각을 밝힐까?

그는 '한정된 기간 동안에만 소수의 제품을 할인하는 게 아니라, 전체 품목에 대해 저렴한 가격을 매일 제공'한다는 아마존의 가격 목표를 설명하기 위해 2002년 주주서한에서 베스트셀러 100권의 가격 비교 결과를 밝혔다.

그는 베스트셀러 100권을 선정하면서 편향을 없애기 위해 아마존의 주요 경쟁사가 선정한 베스트셀러 리스트를 사용했다. 또한 대표성을 확보하기 위해 이 100권의 분야별, 도서 형태별 구성을 조사하고, 직원들로 하여금 시애틀과 뉴욕에 있는 경쟁사들 중 가장 큰 매장 4곳을 방문하도록 했다. 그는 이를 통해 수집된 정보를 바탕으로 할인 판매하는 도서의 가격을 비교했다. 가격 비교 결과는 다음과 같았다.

이들 매장에서 베스트셀러 100권의 총 가격은 1,561달러였다. 아마존닷컴에서 같은 책들은 이에 비해 23%, 즉 366달러 저렴한 1,195달러였다.

100권 중 72권은 아마존 판매 가격이 더 저렴했다. 100권 중 25권은 아마존 판매가와 같았고, 3권은 경쟁사의 판매가가 저렴했다(이후 아마존은 이 3권의 판매가를 낮췄다).

경쟁사의 전 세계 대형 매장에서는 100권의 책 중 15권만이 할인 판매되고 있었고, 나머지 85권은 정가로 판매되고 있었다. 아마존닷컴에서는 100권 중 76권이 할인되고 24권이 정가에 판매되고 있었다.

아마존의 데이터 및 측정지표 시스템이 얼마나 견고한지를 알 수 있는 방법은 직접 불구덩이 속에 뛰어들어 보는 것이다. 만약 당신이 확실한 숫자로 설득력 있는 이야기를 하고, 그와 함께 일반적인 '깊게 파고들기'의 기준을 두세 배 뛰어넘으며 베조스와 임원들이 쏟아 붓는 질문 공세를 이겨낼 수 있다면, 당신은 아마존 시스템의 기준을 통과했음을 의미한다.

빌더들을 자유롭게 하는 데이터 및 측정지표

이와 같이 매우 세부적이고, 투명한 (사일로와 조직 계층을 뛰어넘는) 엔드투엔드 데이터와 실시간 데이터 및 인풋 추적을 특징으로 하는 측정지표를 정하고 지속적으로 개선하는 것, 그리고 이러한 모든 측정지표를 이용해 엄청난 양의 데이터를 지속적으로 추적·측정·분석하는 것은 결코 쉬운 일이 아니다. 많은 돈을 투자하고 오랫동안 전사적 수준의 시간과 에너지를 쏟아야 하는 일이다.

아마존은 왜 이토록 데이터 및 측정지표 구축에 집중해 왔을까? 숫자에 대한 베조스의 강한 집착 때문임은 분명하다. 하지만 그보다 중요한 사실은 초기의 엄청난 투자에 상응하는 수익이 그만큼 돌아왔다는 것이다.

아마존은 AI에 기반한 데이터와 측정지표 체계를 통해 조직의 모든 빌더를 자유롭게 하고, 동시에 Day 1 정신을 지키며 조직의 기준을 끊임없이 높일 수 있다.

임원진을 일상적인 업무로부터 자유롭게 한다

대부분의 전통 기업에서는 사업이 커지면 직원 수도 빠르게 늘어난다.

전통적인 경영관리 이론에 따르면, 관리자가 효과적으로 감독할 수 있는 부하직원들의 수는 제한되어 있다. 해당 업무의 성격에 따라 다르지만, 최적의 범위는 대개 2~3명에서 6~8명까지이며, 10~15명 이상으로 확장되는 경우는 거의 없다. 따라서 많은 대기업들이 6~7계층의 관리자들을 두는 경향이 있다. 우리는 10개가 넘어가는 조직계층을 가진 몇몇 거대기업도 알고 있다.

아마존은 세부적이고 투명하게 데이터를 엔드투엔드 관리하고, 실시간으로 데이터 및 인풋을 추적하는 측정지표를 통해 경영활동을 지속적으로 추적·측정·분석하고, 이상 징후를 탐지하고, 일상적인 의사결정을 자동화할 수 있는 AI 기반의 데이터 및 측정지표 시스템으로 비즈니스 조직 설계의 기본 규칙인 통제 이론에 도전했다. 이러한 데이터 및 측정지표 시스템은 물리적인 감독의 필요성을 최소화할 수 있기 때문이다.

예컨대 아마존 월드와이드 컨슈머 부문 CEO 제프 윌크가 500개의 프로젝트 팀을 관리하는 사례를 통해, 아마존이 근본적으로 통제 이론에 도전함을 알 수 있다. 이것이 어떻게 가능할까? 그 답은 데이터 및 측정지표 시스템에 있으며, 또한 데이터와 측정지표를 기반으로 구축된 강력한 도구인 내부 프로젝트 관리시스템에 있다.

아마존의 사업 점검 회의는 전통적인 기업들과 다른 두 가지 주요 차이점이 있다. 하나는 민첩성이다. 아마존에서 사업 점검은 주간 또는 격주로 이루어진다. 아마존은 빠른 피드백과 조정 루프를 통해 문제를 식별하고, 경쟁사보다 훨씬 빠르고 민첩하게 중간 과정에서 조정을 할 수 있다.

다른 하나는 초점이다. 아마존의 사업 점검은 성과에 초점을 맞추고 각 임원 또는 관리자가 장황한 프레젠테이션을 하게 하는 대신, 고객이 겪는 문제를 어떻게 해결할 것인가, 그리고 개선·혁신·발명을 위한 실험을 어떻게 설계하고 실행할 것인가에 초점을 맞추고 있다.

아마존의 데이터 및 측정지표 시스템은 이처럼 경영진들이 일상적인 업무로부터 자유로워지도록 하고, 지속적인 개선과 혁신, 발명에 전념하고, 미래에 집중할 수 있도록 시간과 에너지를 절약해 준다.

이것이 베조스가 아마존을 발명 기계로 만들려는 비전을 세운 중요한 이유 중 하나다.

일선 직원이 신속히 움직일 수 있도록 권한을 준다

대부분의 전통적인 회사에서는 일단 상사가 결정을 내리면 그 결정을 뒤집는 것이 매우 어렵다. 잘못된 결정일 경우 진행이 지연되고 진척되지 않으며, 일선 직원들은 처음부터 잘못됐음을 깨닫게 된다.

일선 직원들은 현재 시장의 역학 관계와 단절되어 있는 상사의 잘못된 결정, 심지어 '정신 나간 지시'를 받을 때 어떻게 해야 할까? 대부분의 경우 그들이 유일하게 할 수 있는 일은 상사의 지시를 그대로 따르는 것이다.

일선 직원들은 중요한 결정이 내려질 때 테이블에 앉는 것은 말할 것도 없고, 자신의 견해를 개진할 기회를 거의 갖지 못한다. 설령 운이 좋아서 의견을 개진할 기회를 얻는다 하더라도, 일선 직원들의 견해는 마치 더 많은 지혜와 힘, 고객에 대한 경험을 가진 것처럼 구는 상사로부터 짓눌리곤 한다.

아마존에서는 일선 직원들이 이런 좌절감으로부터 해방될 수 있다. 일선 직원들은 시스템에서 모든 관련 데이터를 추출해 필요한 분석을 스스로 할 수 있다. 더 나은 결과가 나올 것이란 확신이 들면 머뭇거릴 필요도 걱정할 필요도 없다. 그들은 즉시 상사에게 가서 문제가 된 결정의 수정을 요청할 수 있다.

또한 데이터와 측정지표가 투명하기 때문에 일선 직원들은 상사의 검토와 질문, 몇 주 또는 몇 달 동안 꼬리를 물고 이어지는 지시를 기다릴 필요가 없다. 실시간 데이터가 경고 신호를 보내오면 각 측정지표 담당자는 즉시 주도적으로 근본 원인을 파악해서 수정 조치를 개발한다.

더욱이 이렇듯 세부적이고 투명한 엔드투엔드 데이터 관리, 실시간 데이터 및 인풋 추적으로 이루어진 데이터 및 측정지표 관리시스템은 다양한 부서와 부문이 소통하여 협업하는 과정을 보다 매끄럽게 이끌어낼 수 있다. 실시간 데이터는 회사의 거의 모든 구성원에게서 적절한 도움을 이끌어낼 수 있는 최고의 설득 도구다.

이것이 바로 빠른 속도와 민첩성을 가능하게 하는 아마존의 비결 중 하나다.

지속적으로 조직의 기준을 높여준다

대부분의 회사들이 성과 중심의 조직 문화를 지향한다. 강력한 데이터 및 측정지표 시스템이 갖춰지지 않으면, 경영진은 효과적인 의사결정에 사용할 수 있는 중요한 데이터를 종종 놓치게 된다. 이 경우 원하는 만큼의 성과가 나올 수 없다.

제프 윌크가 1999년 아마존에 입사해 회사의 운영 시스템을 바로잡는 임무를 맡았을 때, 그가 처음 한 일 중 하나는 '수십 가지의 측정지표'를 고안하고 각 주문이행센터의 제너럴 매니저들로 하여금 '각 주문이행센터가 얼마나 많은 물품을 입고했는지, 얼마나 많은 주문품이 발송되었는지, 포장 및 배송에 드는 단위당 비용은 얼마인지' 등을 주의 깊게 추적하도록 한 것이었다.

대부분의 사람들은 그저 일상적인 일들이라고 생각하겠지만, 이런 일들은 고객 편의, 운영 효율성, 지속적인 기준 향상을 위해 필수적인 일들이다.

실제로 이러한 엄격한 관리는 아마존 프라임 서비스와 FBA(주문이행서비스)에서 성공을 거두는 데 중요한 역할을 한 것으로 입증되었다. 중국의 거대 전자상거래 기업 중 한 곳은 20년이 지난 오늘날까지도 여전히 품목별 정확한 포장 및 배송비 계산, 주문이행센터 제너럴 매니저들이 성과를 향상시키도록 도울 수 있는 방법 등을 짜내느라 고전하고 있다.

월크가 "결함을 줄이고 생산성을 높여서 매년 비용 절감을 확실히 이루겠다"고 베조스에게 약속할 수 있었던 것은 이와 같은 운영 개선 방안을 가지고 있었기 때문이었다. 그리고 그는 자신의 말을 실행으로 옮겼다.

베조스는 아마존이 언제나 Day 1의 정신을 지키는 조직이 되기를 바란다. Day 1 정신의 핵심은 지속적인 기준 향상이다. 데이터 및 측정지표 시스템은 아마존의 모든 구성원이 최대한 명확하고 구체적이며 측정 가능한 방식으로 기준을 향상시킬 수 있도록 하는 근본적인 장치이다.

AI로 구동되는 강력한 디지털 도구

베조스가 아마존을 설립하기 전 4년간 일했던 월 스트리트의 투자 회사인 D. E. 쇼에서는 컴퓨터가 모든 거래에 대한 결정을 내리고 있었다. 베조스는 창업자인 데이비드 쇼와 함께 매주 브레인스토밍을 하면서, 다가올 디지털 사회에 펼쳐질 미래에 대한 자신의 생각 몇 가지를 시험해 볼 수 있었다. 그는 오늘날 우리가 당연하게 여길 정도로 보편화된 아마존의 가장 위대한 발명들, 예컨대 각 고객에게 맞는 개인화 상품 추천 같은 것들을 이미 머릿속에 그리고 있었다.

베조스는 2010년 주주서한의 첫머리에서 다음과 같이 말했다.

"랜덤 포레스트, 나이브 베이지안 추정량, 레스트풀 서비스, 가십 프로토콜, 궁극적 일관성, 데이터 샤딩, 역 엔트로피, 비잔틴 정족수, 이레이저 코딩, 벡터 클락 등… 아마존에 있는 어느 회의실에서도 이 용어들을 들을 수 있기에, 순간적으로 '컴퓨터학 강의실에 들어왔나' 하고 생각될 수도 있다."

"소프트웨어 아키텍처에 관한 최신 교과서를 보면 아마존에서 사용하지 않는 패턴이 거의 없을 것이다. 아마존은 고성능 트랜잭션 시스템, 복잡한 렌더링 및 오브젝트 캐싱, 워크플로우 및 큐잉 시스템, 비즈니스 인텔리전스와 데이터 분석, 머신러닝과 패턴 인식, 신경망과 확률론적 의사 결정, 그리고 기타 여러 가지 기법들을 사용하고 있다. 아마존의 많은 시스템이 최신 컴퓨터학 연구에 기초하고 있지만, 충분하지 않을 때가 종종 있다. 그래서 아마존의 아키텍트와 엔지니어들은 아직 학문적으로 진행되지 않은 연구를 진전시켜야 할 때가 있다. 우리가 직면하는 많은 문제들은 교과서적인 해결책이 없기 때문에, 우리는 '즐겁게' 새로운 접근법을 발명하고 있다."

베조스의 기술에 대한 개인적인 열정과 상상과 발명의 정신은 아마존의 근본적인 특성 중 하나가 되었다. 이런 부분에서는 아마존이 선두주자다. 바로 이것이 아마존이 다른 기업들과 핵심적으로 차별화되는 요소다. 과연 얼마나 많은 CEO와 고위 임원들이 디지털 도구가 무엇인지, 그리고 이러한 디지털 도구들이 어떤 마법을 부릴 수 있는지에 대한 감각을 가지고 있을까? 만약 그런 감각이 없더라도 그들이 신뢰할 수 있으면서 디지털 도구를 사업에 적용할 줄 아는 사람이 곁에 과연 얼마나 있을까?

아마존의 디지털 도구 활용 사례

아마존이 디지털 도구를 활용하는 사례는 수 없이 많으며, 아마존이 내리는 사실상의 모든 주요 결정에 디지털 도구가 활용된다.

아마존은 어떻게 주문이행센터의 위치를 고를까? 주문이행센터에서의 모든 주문 처리 과정을 시뮬레이션하고, 가장 높은 생산성을 보일 신규 주문이행센터의 위치를 예측하는 소프트웨어 시스템인 '메커니컬 센세이'를 통해서다.

아마존은 2018년 160억 달러의 총 매출액을 올리는 데 기여했던 수십만의 제3자 판매업체들을 어떻게 돕고 있을까? 바로 '우리가 상상할 수 있는 최고의 판매 도구 제공'을 통해서다. 이러한 도구들은 판매자가 주문 처리, 수금, 발송 추적, 성과 분석을 하는 데 가장 편리한 서비스를 제공하도록 돕는다. 그리고 판매자가 재고, 가격 및 프로모션에서 최선의 선택을 할 수 있도록 하면서, 계절성, 과거 결과, 미래 예측, 경쟁 제품 및 현금 흐름과 같이 비즈니스 운영과 관련된 모든 요소를 통합하는 데도 도움이 된다.

아마존은 주로 중소기업인 수많은 제3자 판매업체를 어떻게 관리할까? 처음부터 아마존의 제3자 플랫폼은 셀프 서비스를 기반으로 설계 및 개발되었다. 데이터 및 측정지표 시스템은 일련의 측정지표를 사용하여 제3자 판매사업자 각자의 성과를 꼼꼼하게 추적한 다음, 이 측정지표들에 따라 성과를 점수로 매겨 집계한다. 상위 성과 업체의 경우, 시스템은 알고리즘에 미리 정해진 규칙에 따라 자동으로 다양한 보상을 제공하며, 문제가 있는 경우에는 주의를 주고, 성과가 심각한 경우에는 아마존 플랫폼에서 업체를 퇴출시키기 전 관리 팀이 해당 업체와 논의에 들어간다.

자동화된 가격 책정

아마존은 가격 경쟁력을 어떻게 확보할까? 가격 봇을 통해서다. 가격 봇은 '온·오프라인을 통틀어 최저가로 소비자에게 상품을 판매하겠다는 베조스의 신념에 따라, 경쟁사의 가격을 추적·모니터링해서 판매 가격을 최저가로 조정하는 자동화 프로그램'이다.

아마존은 어떻게 개별 소비자들이 더 많이 소비하도록 유도할까? 개인화된 상품 추천 서비스를 통해서다. 그리고 아마존에서 어떤 아이템을 어떤 고객에게 추천할지 결정하는 사람은 누구일까? 사실 사람이 아닌 알고리즘 시스템이 완전 자동화로 개별 소비자에게 개인화된 상품 추천을 하고 있다.

아마존은 어떻게 배송 옵션을 개발하고, 각 주문에 대한 가장 빠르고 저렴한 배송 옵션을 결정할까? 2000년대 초반 아마존의 소프트웨어 시스템은 매 시간 수백만 건의 배송 옵션을 결정할 수 있었다. 아마존은 끈질기게 시스템 개선을 추구해서 매우 정교한 주문이행 소프트웨어 시스템으로 계속 발전시켰다. 2014년 주주서한에서 베조스는 "아마존은 2014년 한 해 동안 주문이행센터 네트워크에 대해 280개의 주요 소프트웨어 개선 작업을 시행했다. 우리의 목표는 주문이행센터의 설계, 시설 배치, 기술 및 운영을 반복적으로 개선해 각 신규 주문이행센터 시설이 이전보다 더 나아지도록 하는 것이다"라고 말했다.

· · ·

적합한 인재(경영원칙 2), 그리고 적합한 데이터와 측정지표, AI에 의해 구동되는 강력한 디지털 도구(경영원칙 3)라는 두 가지 기본 경영원칙을 통해, 아마존은 오랫동안 불가능할 것으로 생각됐던 사명을 이룰 준비가 되어 있다. 이 사명이란 아마존이 발명 기계가 되어 획기적인 발명, 고객의 행동패턴을 창조해내는 발명을 함으로써 새로운 시장과 엄청난 경제적 기회를 창출하겠다는 것이다.

이는 매우 흥미롭게 들리면서도 다른 한편으로는 불가능해 보이기도 한다. 그렇다면 어떻게 아마존은 '발명 DNA'를 만들고 유지해갈까? 어떻게 아마존은 스스로를 수준 높은 발명 기계로 만들고 있을까? 다음 챕터에서 살펴보도록 하자.

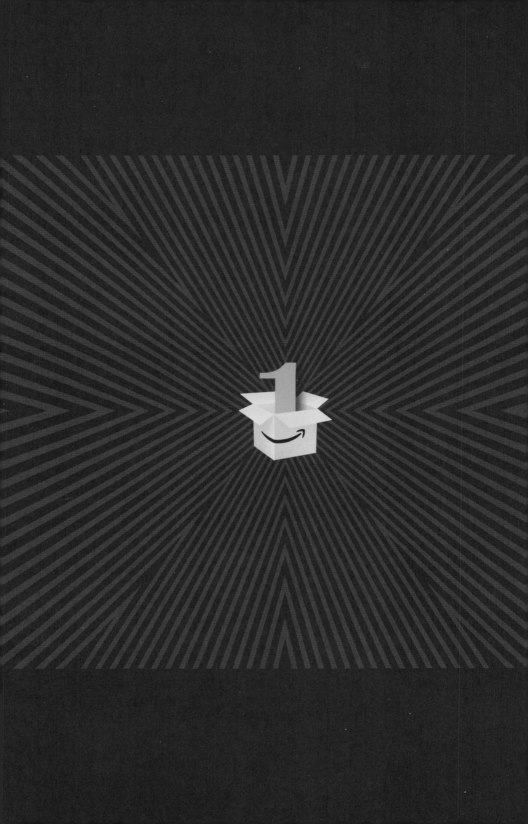

당신이 할 일은
기존에 몸담고 있던 사업을
죽이는 일이다.

제프 베조스, 전통미디어 사업부문 경영자에게 킨들 개발을 맡기며 다양한 사업부를 가진 아마존은 마치 발명 기계가 작동하는 것처럼 끊임없이 새로운 발명을 내놓을 뿐만 아니라, 그 속도 역시 매년 가속화하고 있다. 아마존이 출시하는 발명품들은 고객이 새로운 라이프 스타일을 경험하게 만들만큼 혁신적이다. 따라서 기존 시장의 판도를 흔드는 것은 물론, 엄청난 규모의 새로운 시장과 경제적 기회를 창출하고 있다.

• 끝없이 발명하기 위한 아마존의 방법

　과감히 새로운 역량을 학습하라

　과감히 자신의 사업을 죽여라

　과감히 그리고 크게 실패하라

　인내심을 가져라

• 계속해서 빅 아이디어를 모색하라

　모든 사람에게서 아이디어를 구하라

　규모가 대단히 커야 한다

　고객을 대신해서 발명하라

　뚜렷이 차별화하라

• 끈기 있게 아이디어를 구축하라

　고객은 누구인가?

　목표는 무엇인가?

　장애물은 무엇인가?

• 신중하게 팀을 구성하라

　완전히 몰입할 수 있는 팀을 구축하라

　적합한 팀 리더를 선택하라

　엔드투엔드 책임감을 가지게 하라

완전히 획기적인
발명 기계

아마존을 다른 어떤 기업보다 뛰어나게 만드는 것은 아마존 자체가 하나의 발명 기계로서 가지고 있는 힘이다. 아마존은 끊임없이 발명품을 내놓고 있고, 그 속도 또한 빨라지고 있다. 아마존이 내놓는 발명들은 판도를 뒤흔들 정도로 획기적이며, 고객의 행동을 형성해내면서 엄청난 규모의 새로운 시장과 경제적 기회를 창출하고 있다.

2012년 〈포춘〉이 베조스를 '최고의 혁신가'로, 그리고 2017년 경제 전문매체 〈패스트컴퍼니〉와 2018년 〈포브스〉가 아마존을 '세계 최고 혁신기업'으로 선정한 것도 이 때문일 것이다.

아마존의 과학자들은 머신러닝에서부터 컴퓨터 언어학에 이르기까지 해당 분야의 선두주자들이다. 아마존은 몇 가지 첨단 기술에 깊이 파고들고 있다. 아마존의 블로그 'Day 1 (블로그 이름조차 Day 1이다)'에 있는 2018년 게시글에서 다음의 내용들을 볼 수 있다.

- 아마존은 자연언어처리NLP 워크숍을 후원하고 있으며, 그 목표는 점점 더 인기를 끌고 있는 자연언어처리 분야에서 여성과 소수인종 출신들을 지원하는 것이다. 이 블로그는 "프린스턴대의 리비 바라크가 이끌고, 카네기멜론대의 디이 양과 셰필드대의 지락 와심이 포함된 조직위원회에 루시 플랑코바와 아미타이 액셀로드 등 두 명의 아마존 과학자도 함께 포함되어 있다"고 밝혔다. 아마존은 컴퓨터 과학 분야에서 여성과 소수인종의 교육과 성장을 지원하는 계획을 다수 실행해 왔다.
- 인간과 유창하게 대화할 수 있는 소셜 로봇을 개발하는 팀에 350만 달러의 상금과 보조금을 시상하는 '아마존 알렉사 상'을 놓고 전 세계 대학 팀들이 경쟁하고 있다.
- 아마존과 수석 머신러닝 과학자 베른하르트 쇼코프는 2018년 인공신경망 학회에 깊이 관여하고 있다. 아마존은 이 학회에 베이지안 학습, 스파이킹 신경망, 치트챗, 소셜 로봇 등에 대한 통찰을 공유하고 있다.
- 알렉사 AI 그룹의 수석 과학자인 딜렉 하카니-터는 "이미지 처리와 음성 그리고 머신러닝에서 많은 발전이 있었다. 하지만 대화하는 법을 배울 수 있는 기계를 만들기란 여전히 매우 어렵다. 그래서 많은 과학자들이 이 문제를 해결하길 원하고 있다"고 말했다.

첨단기술과 발명에 대한 아마존의 이 같은 탐구는 분명 베조스의 발명 DNA에서 시작된다. 그의 재능은 이미 어린 시절부터 나타났다. 그의 할아버지는 태양열로 조리하는 실험을 위해 우산에 알루미늄 포일을 씌우거나, 낡은 진공청소기를 공기부양선으로 변신시키는 것을 도와주곤 했다.

베조스는 아마존에 자신의 발명 DNA를 주입하길 원한다. 또한 아마존이 발명에 필요한 기술과 효과적인 방법론에 숙달되기를 바란다.

발명이란 결코 쉬운 일이 아니다. 대부분의 사람들은 아마도 발명을 시도하는 것조차 벅차다고 생각할 것이다. 하지만 타고난 발명가이자 빌더인 베조스에게 '불가능한 도전'은 더 큰 열정의 불꽃을 지필 뿐이다. 베조스는 2015년 주주서한에서 "우리는 대기업이면서 동시에 발명 기계가 되고 싶다"라고 말한 바 있다.

끝없이 발명하기 위한 아마존의 방법

발명은 누구나 할 수 있는 일상적인 일이 아니다. 또한 모든 사람이 발명에 대한 끈질긴 투지를 가지고 있는 것도 아니다. 대부분의 사람들은 발명이 가져오는 엄청난 수익에만 매력을 느낀다. 그들은 발명을 해내려면 필연적으로 엄청난 대가가 수반되어야 한다는 사실을 완전히 이해하지 못한다. 그러한 대가를 감수하려고도 하지 않는다. 치러야 할 대가는 가능한 한 회피하고 싶어 한다. 그들은 수익과 그에 따르는 대가가 동전의 양면임을 이해하지 못한다. 발명을 위한 대가에 대한 회피는 발명 가능성을 막으며, 결국 실패에 이르게 한다.

그렇다면 획기적인 발명에 필연적으로 수반되는 대가에는 어떤 것들이 있을까? 발명에 헌신하기 위해 어떻게 노력해야 하는지, 발명을 위한 아이디어를 어떻게 모색하고 구축할 수 있는지 살펴보도록 하자.

과감히 새로운 역량을 학습하라

베조스는 2009년 〈패스트컴퍼니〉와의 인터뷰에서 "사업 확장에는 두 가지 방법이 있다. 한 가지는 자사가 잘하는 것에 대한 목록을 작성해, 잘하는 것에서부터 사업을 확장해 나가는 것이다"라고 말했다. 잘 알려진 개념인 '핵심 역량'에 대한 이야기다. 그의 말을 계속해서 들어보자. "다른 한 가지 방법은 비록 새로운 역량을 학습해야 할지라도 '고객이 필요로 하는 것에서부터 거꾸로 시작하는 것'이다."

사업을 구축하는 데 성공한 대부분의 기업들은 과거에서부터 축적해온 핵심 역량에 필사적으로 매달리는 '방어적'인 사고방식을 점차 가지게 된다. 따라서 미래에 필요한 새로운 역량을 학습하는 데 충분한 투자를 하지 않으며, 단기적인 이익을 지키고 극대화하려 한다. 이러다가 모토로라는 노키아에 주도권을 넘겼고, 노키아는 다시 애플에게 주도권을 넘겼다.

처음부터 베조스는 항상 미래의 고객 니즈에 초점을 맞춰왔다.

고객이 필요로 하는 것에서부터 시작하기 위해 기꺼이 새로운 역량을 학습했다. 2008년 〈비즈니스위크〉와의 인터뷰에서 베조스는 "기존 역량 내에서 혁신하려는 기업은 실패할 수밖에 없으며, 혁신하기 위해선 새로운 역량을 구축해야 한다"고 강조했다.

아마존의 발명과 혁신은 바로 이 새로운 역량 구축에 의해서 이루어져왔다. AWS, 킨들, 알렉사, 에코 등 아마존의 획기적인 발명들을 생각해 보자. 아마존이 처음 이 사업들을 시작했을 당시, 기존 역량 포트폴리오에는 클라우드, 하드웨어, 음성인식, AI 중 어느 하나도 존재하지 않았다.

새로운 역량을 계속 학습할수록 시간이 흐르면서 다양한 수익이 창출된다. 새로운 역량이 개발될수록 더 많은 기회가 창출되고 포착되며, 새로운 기회가 열릴수록 역량은 더 나아지고, 수익 또한 더 증가하게 된다.

2004년 베조스가 킨들의 초기 아이디어를 추진하기로 결정했을 때, 아마존은 하드웨어 장치에 대한 경험이 전혀 없었다. 아마존이 이후 AWS라는 미지의 세계에 처음 뛰어들었을 때, 어떤 결과가 나올지 확신하던 사람은 아무도 없었다. 반면 아마존이 에코를 개발할 때는 기기(킨들) 및 클라우드 기반 서비스(AWS)에서 입증된 빠른 학습 능력으로 인해 과거에 비해 훨씬 더 준비가 된 상태로 시작할 수 있었다. 이것이 바로 우리가 말하는 '발명의 복합효과'다.

과감히 자신의 사업을 죽여라

킨들의 경우를 살펴보자. 아마존은 2004년 당시 경쟁이 매우 치열했던 가전제품 시장에 과감히 진입하는 용기를 보였을 뿐만 아니라, 카니발리제이션(자기잠식)의 위험도 피하지 않았다.

킨들의 위협은 당시 대단했다. 아마존은 이미 온라인에서 종이책을 판매하는 데 성공을 거두고 있었다. 킨들의 계획은 고객들로 하여금 종이책을 사거나 휴대하는 번거로움 없이 60초 안에 간단히 전자책을 찾아 다운받게 하는 것이었다. 킨들의 성공은 아마존 스스로를 포함해 모든 종이책 판매업체들을 도산시킬 수도 있는 일이었다.

베조스는 당시 기존의 전통적인 미디어 사업(책 판매를 포함) 핵심 경영자였던 스티브 케셀로 하여금 킨들 사업을 이끌어 디지털 미디어로 전환하도록 하면서, "당신이 할 일은 기존에 몸담고 있던 사업을 죽이는 일이다. 모든 종이책 판매업체들을 몰아내는 것이 목표인 것처럼 일하라"고 말했다. 물론 아마존 또한 책을 판매하는 그 수많은 업체 중 하나였다.

베조스는 케셀에게 킨들 사업을 맡기면서 기존 미디어 사업에서 손을 떼도록 했다. 베조스는 왜 케셀이 기존의 미디어 사업과 디지털 미디어 사업을 동시에 맡도록 하지 않았을까? 두 사업을 모두 맡게 되면 디지털 미디어 사업을 결코 집요하게 추구하지 않을 것이라는 생각이 분명했기 때문이다.

이런 베조스의 생각은 많은 사람들을 어리둥절하게 할 수도 있다. 그는 왜 이처럼 단호했던 것일까? 베조스는 아마존 스스로 과감히 자신의 사업을 죽이지 않으면 다른 기업들이 자신들의 사업을 죽일 것이라는 것을 너무 잘 알고 있었기 때문이었다. 이러한 대표적인 예가 한때 필름 시장에서 명실상부한 글로벌 리더였지만 2012년 파산 신청에 이른 코닥이다. 디지털 카메라를 발명한 코닥이 자신의 사업을 죽이지 못해 결국 몰락하게 된 것이다.

과감히 그리고 크게 실패하라

실패는 발명에 있어 필요불가결한 부분이다. 성공적인 결과에 이르는 지름길은 없다. 발명을 추구하려면 실패에 대한 용인이 필수적이다. 보다 정확히 말해, 실패할 가능성을 장려하고 포용해야 한다.

아마존은 이 점을 분명히 이해하고 있으며, 실패하더라도 성공할 때까지 실패를 반복해야 한다는 신념을 가지고 있다. 이러한 신념이 아마존만의 경쟁 우위를 만들어내고, 아마존이 미개척의 영역을 개척할 수 있게 한다. 이에 대한 베조스의 말을 들어보자.

"아마존이 다른 기업과 특별히 다르다고 생각하는 것 중 하나는 실패다. 나는 아마존이 세계에서 가장 실패하기 좋은 곳이라고 믿는다(아마존에서는 실패가 다반사로 일어난다). 그리고 실패와 발명은 분리할 수 없는 쌍둥이다. 발명하기 위해서는 실험해봐야 한다. 성공할 것이라는 사실을 미리 안다면 그건 실험이 아니다."

지난 25년간 혁신과 발명을 하면서 아마존은 수많은 실패에 직

아마존의 실패한 발명들

연도	실패한 혁신 (중단된 연도)
1999	1. 아마존 옥션 (2000년 중단) 2. 지숍 (2007년 중단)
2004	3. A9 검색 포털 (2008년 중단)
2006	4. 애스크빌 (2013년 중단) 5. 언박스 (2015년 중단)
2007	6. 엔들리스닷컴 (2012년 중단) 7. 아마존 웨드페이 (2014년 중단)
2009	8. 페이프레이즈 (2012년 중단)
2010	9. 웹 스토어 (2016년 중단)
2011	10. 마이해빗 (2016년 중단) 11. 아마존 로컬 (2015년 중단) 12. 테스트 드라이브 (2015년 중단)
2012	13. 뮤직 임포터 (2015년 중단)
2014	14. 파이어폰 (2015년 중단) 15. 아마존 엘리먼츠다이어퍼 (2015년 중단) 16. 아마존 로컬 레지스터 (2015년 중단) 17. 아마존 월렛 (2015년 중단)
2015	18. 아마존 데스티네이션 (2015년 중단)

면했다.

커다란 성공을 가져오는 발명을 꾸준히 하고 싶다면, 회사의 성장규모에 따라 실험규모도 비례적으로 커져야 한다. 실험은 실험이기 때문에 아무도 성공을 장담할 수 없다. 큰 성공을 바라는 만큼 실패하는 실험의 규모 또한 클 것이다. 따라서 대규모 실패 가능성을 감수하지 않는 한 크게 성공하지 못할 것이다. 베조스는 이 같은 생각으로 2018년 주주서한에서 '수십억 달러짜리 실패'라는 말을 했다.

아마존의 수많은 실패 가운데 파이어폰은 부인할 수 없는 수십억 달러짜리 실패 사례다. 하지만 아마존은 파이어폰의 잿더미 속에서 학습을 하고 개발자들의 경험을 살려 에코와 알렉사 개발 시간을 단축시킬 수 있었다. 이 두 가지 개발은 기간과 규모 측면에서 훨씬 더 크고 값진 성공이었다.

베조스만 이처럼 과감하게 실패하고자 하는 것은 아니다. 2017년 6월 넷플릭스 CEO 리드 헤이스팅스는 한 기술 콘퍼런스에서 "현재 넷플릭스의 성공률이 지나치게 높다. 우리는 무모한 시도를 더 많이 하기 위해 더 많은 위험을 감수해야 한다. 전체적으로 실패율이 더 높아야 한다"고 말했다.

인내심을 가져라

발명의 과정은 결코 효율적이지 않다. 좋은 결과가 나오려면 얼마나 걸릴지 모르기 때문에 그 과정은 고되고 오래 걸리며 불확실성으로 가득 차 있다. 이러한 발명에 비하면 남이 한 발명을 베끼거나, 통념을 따르거나, 모범 사례를 벤치마킹하는 것이 훨씬 쉽고 빠르고 확실하며 효율적일 것이다.

베조스는 이 두 가지 접근법의 차이를 잘 알고 있으며, 특히 비효율적인 발명이 가진 미덕을 충분히 인식하고 있다. 그가 생각하는 발명의 미덕은 '방랑'의 힘이다. 그는 방랑하는 과정이 분명히 효율적인 것은 아니지만 발명을 위해 반드시 필요하며, '대단히 큰 발견, 비선형적인 발견'의 경우에 특히 필요하다고 생각한다.

때때로 몇 년씩 걸리는 결과를 기다리려면 인내심이 필요하다. 수년간의 판단 착오에도 움츠러들지 않을 용기 역시 필요하다. 아마존이 지금까지 내놓았던 발명들 중에서 획기적으로 시장 판도를 바꾸고 고객의 행동을 바꾼 발명은 대부분 개발하는 데 최소 수년의 시간이 걸렸다. AWS는 첫 서비스를 시작하는 데 2년, 킨들은 개발에서 제품 출시까지 3년이 걸렸다. 에코 개발에는 4년이란 시간과 2,000명으로 구성된 팀이 필요했으며, 아마존의 자체 데이터 엔진 아마존 오로라를 구축하는 데도 수년이 걸렸다. 오로라는 상용 엔진과 같거나 더 나은 내구성과 가용성을 갖추고 있으면서도 비용은 상용 엔진의 10분의 1 수준이다.

계속해서 빅 아이디어를 모색하라

모든 위대한 발명은 혁신적이면서도 훌륭한 아이디어, 또는 불가능해 보이는 아이디어에서 시작된다. 그렇다면 아마존은 어떤 방법으로 계속해서 새로운 아이디어를 창출하고, 또 수많은 아이디어들을 선별할까?

모든 사람에게서 아이디어를 구하라

많은 사람들이 뛰어난 영감을 가지고 있다. 하지만 이런 많은 영감이 2010년 이후 도미노피자의 CEO인 패트릭 도일에 의해 부각된 흥미로운 현상인 '부작위 편향'으로 인해 상당 부분 시도조차 되지 않는다. 여기서 부작위 편향이란 '새로운 아이디어를 가진 대부분의 사람들이 무언가를 시도해서 그것이 효과가 없을 경우, 그 실패가 자신의 경력을 손상시킬 수 있기 때문에 새로운 아이디어를 추구하지 않는 것'을 말한다.

어떻게 하면 이 장벽을 극복해, 새롭고 뛰어나며 언뜻 보면 무모해 보이는 아이디어를 가진 사람들이 두려움 없이 자신의 견해를 말할 수 있는 용기와 의사전달 통로를 갖게 할 수 있을까?

아마존은 '아이디어 도구'라는 독특한 방법을 발명해서 직원들의 창의성과 상상력을 활용한다. 아이디어를 가진 아마존 임직원은 누구나 관리자를 거치지 않고, 기술적 또는 재무적 관점에서의 실현 가능성에 대해 우려할 필요 없이 자신의 아이디어를 제안할 수 있다.

예컨대 아마존 프라임의 초기 아이디어는 2004년 찰리 워드라는 소프트웨어 엔지니어가 제안했다. 그는 아마존이 '빠르게, 무료로 사람들이 원하는 모든 종류의 물건을 배달할 수 있을 것'이라고 생각했다. 그 해 가을, 이 아이디어는 다른 직원들에게서 크게 공감을 얻었고 베조스 또한 관심을 가지게 됐다. 이 '빅 아이디어'에 끌린 베조스는 토요일임에도 불구하고 자신의 집 근처에서 바로 의사결정을 위한 모임을 열었고, 이 자리에서부터 아마존의 운명을 가르는 여정이 시작됐다. 아마존은 2019년 말 기준 전 세계에서 1억 1,200만 명이 넘는 프라임 회원을 보유하고 있으며, 이는 넷플릭스에 이어 전 세계 2위에 해당하는 유료 가입자 수다.

베조스는 아마존 내부의 임직원들이 아닌 외부에서도 아이디어를 구한다. 아마존 초기, 인터넷을 통해 성공적으로 책을 판매한 후 베조스는 무작위로 선정한 고객들 수천 명에게 이메일을 보내 현재 아마존이 판매하는 상품 외에 무엇을 판매하길 바라는지 물었다.

이렇게 아이디어가 생겼다면, 그 다음에는 어떤 아이디어를 어떻게 선택해야 하는지 고민해야 한다.

규모가 대단히 커야 한다

창조를 위한 아마존의 모험은 단지 100명에서 1,000명의 고객을 목표로 하는 것이 아니다. 베조스는 전 세계 수십억 명의 고객과 수백만의 기업을 대상으로 하는 발명을 찾고 있다. 인터넷과 디지털 기술로 인해 이 목표는 충분히 실현가능함과 동시에 경제적으로도 매력적이다. 아마존의 매출액 연 2,329억 달러는 여전히 매우 작은 규모다. 아마존은 단지 미국 전체 소매시장의 4퍼센트 미만, 글로벌 소매시장의 1퍼센트 미만을 점유하고 있다.

베조스는 2017년 〈패스트컴퍼니〉와의 인터뷰에서 "우리의 임무는 훌륭한 고객 경험을 제공하는 것이며, 그것은 전 세계의 모든 사람이 원하는 것"이라고 말했다. 베조스는 왜 '전 세계의 모든 사람'이라고 말했을까? 베조스는 무엇보다 규모를 염두에 두고 있다. 왜 규모가 커야 할까? 이는 '발명에 불가피하게 따르는 실패의 위험' 때문이다. 무엇이 발명 도중에 일어나는 수많은 실패를 상쇄할 수 있을까? 바로 AWS와 같은 큰 성공이다.

대규모 고객 기반 외에 대규모 확장을 보장할 수 있는 것은 무엇일까? 답은 '단순화'다. 스티브 잡스는 최고의 디자인은 가장 단순한 디자인이라고 굳게 믿었다. 베조스는 이 생각에 더할 나위 없이 동의한다. "단순함은 쉽고, 빠르고, 직관적인 서비스와 제품, 그리고 저렴한 비용을 가능하게 하는 핵심 요소다." 이에 더해 베조스는 '단순한 것이 복잡한 것보다 훨씬 더 확장성이 크다'고 생각한다. 이런 이유로 아마존의 세 번째 리더십 원칙은 고객에 대한 집착과 주인의식 다음인 '발명하고 단순화하라'가 되었다.

2006년 AWS가 처음 출시한 서비스가 심플 스토리지 서비스이고, 베조스가 개발 과정 내내 팀에게 "더 단순화하라"고 끊임없이 주문한 것은 바로 이런 맥락에서였다.

고객을 대신해서 발명하라

아마존은 고객들이 현재에 만족하지 않고 항상 기대치를 높여 끊임없이 '신성한 불만'을 갖게 된다고 생각한다. 그래서 더더욱 고객에 집착하는 것이다. 베조스는 "고객들은 더 나은 방법에 열광하고 있고, 얼마 전 놀라움으로 다가왔던 것은 금세 평범한 것이 된다"고 말했다.

또한 아마존은 경쟁사가 아닌 고객에 초점을 맞춘다. 경쟁사에 집중하게 되면 그들이 어떤 새로운 것을 내놓을 때까지 기다려야 하지만, 고객에 집중하면 더 선제적으로 대응할 수 있기 때문이다.

고객과 고객의 불만에 집중하면, 끝없이 쏟아지는 영감의 수문이 열릴 것이다. 고객들에게 끊임없이 즐거움을 줄 수 있는 방법에 집착하다 보면, 당신이 얼마나 많은 아이디어를 생각해낼 수 있는지 놀라게 될 것이다.

베조스는 고객에 대해 매우 높은 기준을 가지고 있다. 그가 추구하는 것은 고객들의 예상을 뛰어넘는 경험, 오랫동안 불가능하다고 믿어왔던 경험, 마법과 같은 순간을 만들어낼 수 있는 경험이다.

다시 말해, 아마존은 고객들이 원하는 것을 말할 때까지 기다리지 않고, 고객의 입장에서 고객을 대신해 먼저 발명한다. 베조스는 다음과 같이 말했다.

"아마존에서 발명할 수 있는 가장 획기적인 제품과 서비스는 고객들이 아직 모르는 제품과 서비스다. 우리는 고객을 대신해서 발명해야 한다. 우리는 새로운 제품과 서비스를 만들기 위해 우리 내면의 상상력을 이용해야 한다. AWS가 대표적인 사례다."

뚜렷이 차별화하라

고객에게 끊임없는 즐거움과 놀라움을 주려면, 아이디어가 다른 아이디어와 뚜렷이 차별화되어야 한다. 독특하거나 불가능해 보이는 아이디어라면 훨씬 더 좋다. 베조스는 다른 아이디어를 모방하거나 미투 제품 또는 서비스를 제공하는 것에 관심이 없다. 그는 어떤 아이디어를 추구하기에 앞서, 실행할 가치가 있는 아이디어인지 먼저 판단한다. 베조스는 한 인터뷰에서 "우리는 다른 어떤 것도 아닌 아마존이길 원한다"고 말한 바 있다.

따라서 베조스는 자신의 팀이 항상 불가능한 것을 상상하도록 주문한다. 아마존 고가 완벽한 예다. 수년간 아마존이 매장을 열 것인지에 대한 질문을 받을 때마다 그의 대답은 항상 "그렇다"였지만, 이는 아마존이 완전히 다른 형태의 매장을 생각해낼 수 있을 경우에 한정된 대답이었다. 그리고 마침내 기존 개념과 완전히 다른 아이디어가 적용된 매장을 오픈하는 날이 다가왔다. 고객은 완전히 새로운 고객 경험을 위해 만들어진 아마존 고 매장에서 필요한 물품을 집어 들고 그냥 걸어 나가면 된다. 더 이상 번거롭게 계산대에서 차례가 올 때까지 한없이 기다릴 필요 없는 것이다. 많은 고객들이 아마존 고에서의 쇼핑 경험을 '신기하고 놀라운' 경험으로 묘사하고 있다.

바로 이런 것이 아마존이 찾고 있는 뛰어난 아이디어다.

끈기 있게 아이디어를 구축하라

대부분의 기업들은 어떤 아이디어가 최고 경영자의 관심과 지지를 성공적으로 이끌어낼 경우, 이는 팀 구성과 예산에 대한 승인 즉 실행 착수를 의미한다.

아마존의 방식은 이와 근본적으로 다르다. 아마존은 '보도자료'로 시작한다. 직원들은 이 공식적인 자료를 통해 아이디어를 더 깊이 생각하며 다듬고, 더 확실하고 구체적인 방향으로 발전시키면서 단순 개념 상태였던 빅 아이디어를 개발 가능한 청사진으로 만들어낸다. 아이디어를 성공적으로 실행했을 때 어떤 미래가 펼쳐질지 볼 수 있는 것은 바로 이 내부 문건이다.

아마존의 전 임원 존 로스만은 '제3자 판매 플랫폼에 대한 샘플 보도자료'가 다음과 같을 것이라고 말했다.

— 제3자 판매 플랫폼에 대한 샘플 보도자료 —————————————

아마존은 제3자 판매자 매출이 증가하고 있으며,
이는 고객과 판매업체 모두에게 좋은 소식이라고 밝혔다.

아마존은 오늘 제3자 판매 사업에 대한 결과를 발표했다. 아마존 고객들은 이제 제3자 판매 플랫폼을 사용해 의류, 스포츠 용품, 홈 데코레이션, 주얼리, 전자 제품을 포함한 많은 종류의 제품들을 구매할 수 있으며, 놀라운 선택의 폭과 저렴한 가격 및 편리한 주문처리 등의 경험을 누릴 수 있다. 이러한 제3자 판매 사업으로 인해 아마존 고객은 상품을 주문하려 할 때마다 아마존을 떠올리게 된다.

판매자 통합 담당 이사인 존 로스만은 "아마존이 받는 주문의 30퍼센트 이상은 완전히 새롭거나 확장된 10개의 제품 범주들 내에서 제3자 판매와 주문처리를 통해 이루어지고 있다"고 설명했다. 또한 "우리는 제3자 판매 플랫폼을 성공시키기 위해 몇 가지 문제들을 어렵게 해결했다. 이 과정에서 판매자들은 훌륭한 경험을 했다"라며, "판매자들은 이제 아마존 직원과 대화할 필요 없이 한밤중에 상품을 등록하고, 판매할 상품의 목록을 작성하고, 주문을 받고, 주문처리를 할 수 있게 되었다"고 설명했다.

이 짤막한 보도자료에서 개발에 중심적인 역할을 하는 3가지가 있음을 분명히 알 수 있다. 하나씩 살펴보도록 하자.

고객은 누구인가?

아마존에서 개발, 혁신, 발명 등 모든 프로젝트는 고객으로부터 시작해야 한다.

고객과 관련해 생각해야 할 질문의 예는 다음과 같다. 고객은 누구인가? 고객은 그것을 어떻게 사용할 것인가? 고객에게 새로운 경험은 어떤 것인가? 어떤 기존 경험을 대체하는가? 새로운 경험을 위해 고객들은 어떤 변화를 겪게 될까? 왜 고객들은 새로운 경험을 선호할까? 고객의 시선으로 봤을 때 고객이 느끼는 이점은 무엇인가? 만약 고객이 최종 사용자가 아니라면, 최종 사용자를 대상으로 이 같은 일련의 질문을 다시 해볼 필요가 있다.

아마존은 항상 A부터 Z까지 전 과정에 대한 고객 경험을 고려한다. 고객과의 각 접점은 서비스 제공자가 통제할 수 있든지 없든지 간에 모두 중요하다. 고객에게는 누가 어느 과정을 담당하는지, 누구의 핵심성과지표에 관련된 것인지, 누구의 역할과 책임인지는 전혀 중요하지 않다. 해당 고객 경험이 싫으면 그냥 다른 곳을 찾아 떠나면 그만이다. 따라서 어느 판매자(제3자 판매자 또는 제1자 판매자)가 서비스를 제공하든, 최종 사용자의 경험은 언제나 좋은 경험이어야 한다.

목표는 무엇인가?

많은 기업들은 제품 개발에 필연적으로 내포된 불확실성을 감안해, 목표에 대해 '관망하는' 접근 방식을 취한다. 하지만 아마존에서는 목표를 대담하고 구체적이며 측정 가능하게 세워야 한다.

손만 펼치면 쉽게 딸 수 있는 과일 같은 목표는 진정한 목표가 아니다. 현재 시야로는 볼 수 없을 정도로 기준이 높아서 대담한 노력을 해야만 성취할 수 있는 것이 진정한 목표다. 무엇이 창의성을 이끌어낼까? 바로 능력을 시험하는 도전과제를 통해서다. 만약 지나치게 쉬운 목표라면 사람들의 진정한 창의성은 제대로 활용되지 않거나 심지어 개발조차 되지 않을 것이다.

아마존은 초창기 제3자 매출에 어려움을 겪었다. 아마존 전체 매출에서 제3자 매출 비중은 1999~2000년 약 3퍼센트로 정체되어 있었다. 1999년에 제3자 매출을 늘리려고 시도했던 아마존 옥션과 지숍은 모두 실패했다. 이러한 좌절에도 불구하고, 제3자 판매 플랫폼 팀은 목표를 기존 매출 비중의 10배인 30퍼센트로 정했다.

새로운 제품이나 서비스 프로젝트를 시작하기 전, 해당 팀은 보도자료에 구체적인 출시 날짜를 명시해야 한다. 그 날짜에 출시하지 못한다고 해서 해고나 불이익이 있는 것은 아니다. 그보다는 최선의 출시 가능 날짜를 공식적으로 공표함으로써, 예상되는 개발 과정에 대해 철저하게 검토하게 되고 개발 중 어려움에 닥쳤을 때 계속해서 앞으로 나아갈 수 있는 추진력을 얻게 되는 효과가 있다. 공식적인 보도자료를 작성하며 더 철저하고 진지하게 검토하고, 어려움 속에서도 최선을 다할 수 있도록 하는 강제 메커니즘 역할을 하는 것이다.

아마존 프라임 또한 목표 설정의 훌륭한 예다. 베조스는 프로젝트를 시작하기로 결정하면서 출시 날짜를 다음 실적 발표 날로 잡았다. 프라임 출시 팀은 불과 8주라는 시간 동안 이 대담한 아이디어를 사용가능한 솔루션으로 탈바꿈하기 위해 최선을 다해야 했다.

이처럼 아마존에서 모든 목표는 대담하고 구체적이며 따라서 측정 가능하다. 구체적이면서 측정 가능한 목표는 애초에 목표를 작게 잡아서 사실은 별것 아닌 결과가 화려한 성공으로 치장되거나, 사실상 실패한 결과가 성공으로 탈바꿈할 여지를 사라지게 한다.

장애물은 무엇인가?

뚜렷이 차별화되고 아마존만이 할 수 있으며 심지어 불가능해 보이는 빅 아이디어를 현실화시키는 것은 결코 쉬운 일이 아니다. 그런 아이디어에는 다른 기업들이 시도하거나 상상할 생각조차 하지 못하게 막는 장애물이 있어야 한다.

제3자 판매 플랫폼의 초기 장애물 중 하나는 셀프 서비스 및 자동화였다. 제3자 판매 플랫폼 팀은 왜 많은 어려움에도 불구하고 이 설계 원칙을 택했을까? 셀프 서비스와 자동화가 플랫폼의 확장성을 극대화하기 때문이었다.

제3자 판매사업자가 비즈니스를 더 잘 운영하고 더 빨리 성장시킬 수 있도록 돕는 가장 쉬운 방법은 뭘까? 대부분의 사람들은 숙련된 베테랑들이 전화, 현장 방문 또는 코칭 및 컨설팅을 통해 교육을 하거나 구체적인 도움을 주는 것이라고 생각할 것이다. 그러나 셀프 서비스 및 자동화 설계 원칙에 따르면 이 방법은 최선의 방법이 아니다.

보도자료를 작성하다 보면 이처럼 좀 더 심도 있고 명료하게 생각해 보게 된다. 제대로 보도자료를 작성하려면 오랫동안 심도 있게 생각해야 한다. 때로는 열 번 이상 반복해서 숙고해야 할 수도 있다.

신중하게 팀을 구성하라

보도자료를 공유하고 논의한 후, 그리고 빅 아이디어를 단순한 개념에서 개발 가능한 청사진으로 발전시켰다면, 이제는 리더를 선정하고 팀을 구성해서 아이디어를 실현할 차례다.

아마존에는 프로젝트 개발을 추진하는 널리 알려진 접근 방식이 있다. '피자 두 판 팀', 줄여서 2PT_{two-pizza team}라고 하는 프로젝트 팀 구성 방식이다. '늦게까지 일할 때 피자 두 판이면 팀원 모두가 충분히 먹을 수 있을 정도로 작은, 10명 미만의 자율적인 소규모 팀'을 말한다.

많은 사람들은 이 개념을 말 그대로 '6~10명 정도의 팀 구성'으로 받아들인다. 베조스가 거듭 언급했듯, 피자 두 판이 충분치 않은 팀이라면 지나치게 규모가 큰 팀이다. 그런데 팀의 크기만 중요할까? 물론 그렇지 않다.

완전히 몰입할 수 있는 팀을 구축하라

아마존에서는 사명이 분명하고 구체적인 목표를 가진 프로젝트 팀은 다기능 팀원 구성, 상근, 같은 공간에서의 근무를 원칙으로 한다. 하루 종일 붙어서 밤낮으로, 경우에 따라 수개월, 수년 동안 함께 일하며 팀 전체가 완전히 몰입하는 시스템이다.

아마존은 프로젝트 팀을 왜 이런 시스템으로 구축할까? 창의성은 사람들 간의 상호작용에서 나오고, 영감은 집중에서 나온다. 아마존에서 프로젝트 팀은 스타트업처럼 한 공간에 모여 실험, 반복, 토론, 시도, 재시도 등을 반복한다. 한 아이디어가 또 다른 아이디어를 촉발하고 하나의 영감이 다른 영감을 불러일으키면서 결국 결정적인 돌파구를 찾게 만드는 시스템이다.

'피자 두 판 팀' 방식을 채택하려는 많은 기업들이 6~10명으로 팀을 꾸리지만, 대개는 다기능, 상근, 같은 공간에서의 근무 구성에 실패한다. 팀 구성원들이 각자 맡고 있던 기존 업무를 풀타임으로 지속해야 하고 각종 성과지표에 신경 써야 한다면, 팀원들의 프로젝트 참여는 매주 한두 시간에 그칠 수밖에 없다. 아무리 중요한 프로젝트라 하더라도 말이다. 또한 일이 생기면 매주 열리는 팀 회의에서 빠질 수밖에 없다. 팀 회의에 빠짐없이 참석하기가 매우 어려워지는 것이다. 팀 회의에 참석할 때조차 대부분의 경우 팀원들의 마음은 딴 곳에 가 있게 된다.

요컨대 프로젝트가 회사에게는 최우선 과제라 하더라도, 같은 공간에서의 상근 근무가 아니고서는 팀원들에게 결코 최우선 과제가 될 수 없다.

적합한 팀 리더를 선택하라

적합한 리더가 반드시 성공을 보장하는 것은 아니지만, 적합하지 않은 리더는 반드시 실패를 불러온다. 우리는 아마존이 주요한 진전을 이룰 때마다 강력한 리더가 있었음을 발견할 수 있다.

1999년, 누가 아마존에서 물류를 이끌었고, 주문이행 서비스를 핵심 역량으로 구축했을까? 현재 월드 컨슈머의 CEO인 제프 윌크였다. 지금 아마존의 물류 관리 서비스는 아마존 생태계 파트너들에게 중요한 인프라가 되었다. 킨들을 창조하는 비전을 이끌고 그 일이 '자신이 몸담고 있던 기존 사업을 죽이는 것'임에도 불구하고,

미지의 분야에서 용감하고 대담하게 전심전력으로 공헌한 사람은 누구였을까? 현재 매장 담당 수석 부사장인 스티브 케셀이다. 클라우드 서비스 발명을 주도하고, AWS를 267억 달러의 매출을 올리는 사업으로 구축한 사람은 누구일까? 현재 AWS의 CEO인 앤디 재시다. 세 사람은 모두 현재 베조스가 직접 이끄는 S팀에 속해 있다.

적합하지 않은 리더가 있는 팀에서 위대한 아이디어가 탄생할리는 만무할 것이다.

엔드투엔드 책임감을 가지게 하라

대부분의 회사에서는 제품 또는 서비스 출시 후 실적이 부진하면 서로 책임을 떠넘기고 상대팀을 비난하기 시작한다.

예를 들어 신제품이 3년간의 노력에도 불구하고 기대했던 매출과 수익을 내지 못하면 연구개발팀은 설계 불량에 대해, 판매팀은 판매 부진에 대해, 제품팀은 시장에 대한 판단 부족과 고객 니즈에 대한 이해 부족에 대해 비난 받게 된다. 비난이 오고가는 중에는 무고한 피해가 일어나기도 한다.

아마존에서 프로젝트 팀은 엔드투엔드 책임을 지게 되는데, 이는 프로젝트 팀의 주인의식이 아이디어 구상에서부터 디자인, 개발, 테스트, 출시, 출시 후 운영에 이르기까지 전체로 확장됨을 의미한다.

아마존은 왜 팀에 엔드투엔드 책임감을 가지게 할까? 베조스는 '자신의 개에게 주는 사료를 먼저 먹어라eat your own dog food(자사의 신제품이나 서비스를 내부에서 가장 먼저 사용하는 것을 뜻함-옮긴이)'는 원칙을 믿는다. 엔드투엔드 책임감은 책임 회피와 책임 떠넘기기를 막고 책임감을 명확히 가지도록 하는 메커니즘이다.

• • •

베조스는 아마존을 발명 기계로 만들었다. 이를 통해 새로운 시장과 엄청난 규모의 경제적 기회를 창출하는 획기적인 발명이 지속되도록 하는 데 성공했다. 베조스는 매우 자랑스럽게 "발명은 아마존의 DNA"이며 "발명은 아마존에서 제2의 천성이 되었다"고 말한 바 있다.

하지만 그가 해야 할 일은 아직 끝나지 않았다. 베조스는 이 놀라운 발명 기계를 망가뜨릴 수 있는 미묘한 함정들을 끊임없이 경계하며 방심하지 않아야 한다. 베조스는 특히 의사결정을 중요한 함정으로 꼽았다.

"아마존은 대기업이면서도 하나의 발명 기계가 되고 싶다. 과연 그럴 수 있을까? 나는 그럴 수 있을 거라고 생각한다. 하지만 쉽지는 않을 것이다. 성과가 뛰어난 거대기업들도 빠질 수 있는 미묘한 함정이 몇 가지 있는데, 우리는 그 함정들을 어떻게 경계해야 하는지 하나의 조직으로서 배워야 한다. 대기업에 자주 나타나는 일반적인 함정 중 한 가지는 속도와 창의성을 해치는 '천편일률적 의사결정'이다."

끝없는 승인 과정과 짝을 이룬 긴 의사결정 과정은 열의에 찬 승부사들을 지치게 하고, 창조의 불을 끄며, 발명에 대한 열정을 약화시킬 수 있다. 이런 함정이 얼마나 위험한지 충분히 이해하고 있는 아마존은 천편일률적인 의사결정 문제를 해결하기 위해 어떤 의사결정 메커니즘을 설계했을까?

다음 챕터인 '신속하고 탁월한 의사 결정'에서 살펴보도록 하자.

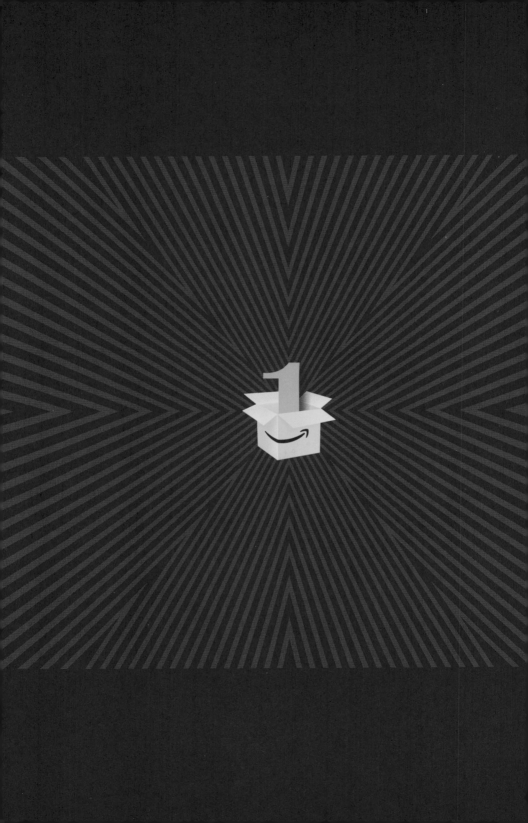

지금부터
파워포인트를 이용한
프레젠테이션을
금지합니다.

제프 베조스, 2004년 직원들에게 보낸 이메일에서

아마존의 의사결정은 매우 신속함과 동시에 탁월한 성과를 낸다. 아마존을 이를 위해 전체 조직에 걸쳐 엄격히 지켜야 하는 명확한 원칙과 독특한 방법론을 가지고 있다.

• 타입 2 의사결정: 속도가 중요하다

    천편일률적으로 결정하지 마라

    모든 결정을 직접 내리지 마라

    모든 정보를 모을 때까지 기다리지 마라

    측정지표 담당자가 결정하도록 하라

    필요에 따라 승인 절차를 조정하라

    일상적인 결정은 수학에 기반해 디지털화하라

• 타입 1 의사결정: 몇 가지 중요한 결정에 집중하라

    최고의 진실을 찾아라

    가능한 변화를 상상하라

    집단사고와 싸워라

    소신 있게 반대하거나 헌신하라

    후회를 최소화하라

    잘못된 결정은 빠르게 수정하라

• 조직 전체가 탁월한 의사 결정을 하게 하라

    일관된 원칙을 분명히 밝혀라

    일관된 방법론을 구체적으로 제시하라: 6페이지 보고서

    모든 의사결정에 일관된 접근 방식을 적용하라

신속하고 탁월한
의사결정

　디지털 기업이 아닌 대부분의 전통적 기업에서는 의사결정이 느리다. 아마 대부분의 사람들에게 비슷한 경험이 있을 것이다.

　전통적인 기업에서는 보통 CEO, CFO, 전략 책임자 등 조직계층의 최상위 극소수만 전체 상황을 알고 있기 때문에, 고위 임원들만이 모든 요소들을 종합적으로 고려해서 적합한 결정을 내릴 수 있다. 하지만 이들이 내리는 관료주의적 의사결정은 속도가 느릴 뿐 아니라 탁월한 결정이 아닐 수 있다. 여러 겹의 계층에 따른 긴 승인 절차, 사내정치, 구성원들의 교묘한 시스템 이용, 그리고 데이터의 투명성 부족(특히 의사결정에 있어 중요한 요소인 고객 데이터 부족)이 특징이기 때문이다. 이러한 관료주의적 의사결정 과정은 디지털 기업에 꼭 필요한 '속도와 민첩성'을 위한 것이 아니라, 기본적으로 '명령과 통제'를 위해 설계되었다.

　아마존의 의사결정은 신속하고 탁월할 뿐 아니라 조직 전체에 걸쳐 일관되게 시행되도록 하는 명확한 원칙들과 독특한 방법론을 가지고 있다. 아마존은 어떻게 의사결정을 개선하고 '속도', '탁월함', '전체에 대한 일관된 시행'이라는 상반된 세 가지 목표를 동시에 달성할 수 있을까?

타입 2 의사결정: 속도가 중요하다

베조스는 자신과 고위 임원들을 위해 '빠른 의사결정'를 최우선 순위로 정했다. "아마존의 고위 임원들은 의사결정 속도를 빠르게 할 것을 다짐했다." 아마존이 빠르게 의사결정을 하는 방법은 무엇일까?

천편일률적으로 결정하지 마라

베조스는 모든 결정을 두 가지 유형으로 분류해서, 그것이 '타입 1 결정'인지, '타입 2 결정'인지에 따라 각기 다른 의사결정 과정을 설계했다.

타입 1 결정은 중대한 결과를 미치며 거의 돌이킬 수 없는 것으로 '일방향 문'과 같다. 문을 통과하고 난 후의 결과가 마음에 들지 않아도 되돌아갈 수 없는 결정이다. 베조스는 "결과가 장기간에 걸쳐 미치기 때문에 타입 1 결정을 내릴 때는 탁월한 판단을 위해 심사숙고하는 과정을 거쳐야 한다"고 말했다. "타입 1 결정은 체계적이고, 신중하게, 그리고 천천히, 심사숙고와 협의를 통해 이루어져야 한다." 하지만 대부분의 결정은 타입 1 결정이 아니다.

반면 타입 2 결정은 바꿀 수 있고, 되돌릴 수 있는 것으로, 양방향 문과 같다. 만약 당신이 차선책으로 타입 2 결정을 내렸어도, 오랫동안 결과를 감수할 필요가 없는 결정이다. 문을 다시 열고 돌아나가면 된다.

따라서 결정을 내릴 때는 이 두 가지 유형의 결정 중 어느 유형의 결정인지 판단해서, 그에 알맞은 의사결정 과정을 거쳐야 한다. 타입 2 결정을 내릴 때 지나치게 심사숙고하면 느린 결정, 위험 기피, 충분한 실험 부족, 발명 감소라는 결과가 나타난다. 한편 타입 1 결정은 결코 가볍게 내려서는 안 된다. 타입 1 결정에서 치명적으로 저지르는 실수가 전멸로 이어질 수도 있기 때문이다.

모든 결정을 직접 내리지 마라

당신이 CEO라면 타입 2 결정인지 확인해서 권한을 위임해야 한다. 높은 판단력을 가진 개인이나 소그룹은 당신을 대신해 타입 2 결정을 신속하게 할 수 있고, 또 그래야 하기 때문이다.

당신과 고위 임원진이 아무리 뛰어나고 열심히 일해도 모든 사람이 쓸 수 있는 시간은 하루에 24시간뿐이다. 당신 회사의 사업이 계속해서 성장하는데도 불구하고 여전히 당신과 고위 임원진에만 의사결정 권한이 집중된다면, 조만간 회사의 빠른 성장에 걸림돌이 될 것이다.

물론 누구에게 권한을 위임할 것인지, 그리고 그 사람들이 어떻게 좋은 결정을 내릴 수 있도록 할 것인지에 대해서는 신중하게 생각할 필요가 있다. 적합한 자료 지원과 명확한 책임 부여, 그리고 적시의 코칭이 없다면 많은 전통적 기업들이 그렇듯이 좋은 결과를 내기 힘들 것이다.

모든 정보를 모을 때까지 기다리지 마라

미국 국무장관이자 4성 장군이었던 콜린 파월은 전쟁에서 타이밍이 매우 중요한 상황일 경우 '40~70퍼센트 규칙'을 주창했다. 규칙은 이렇다. 만약 당신이 40퍼센트 미만의 적은 정보를 가지고 있다면, 결정을 내려서는 안 된다. 그러나 70퍼센트 이상의 정보를 얻을 때까지 기다리는 것 또한 너무 늦다. 그러니 정보가 40~70퍼센트 범위에 있으면 직감으로 추진하라는 것이다.

베조스는 이를 약간 변형해, 사업에서 70~90퍼센트 규칙을 사용했다. 그는 "보통은 당신이 갖고 싶어 하는 정보의 70퍼센트 정도를 바탕으로 결정을 내려야 한다. 90퍼센트가 되길 기다린다면 대부분의 경우 너무 느리다. 그리고 나쁜 결정은 빨리 인식하고 바로잡을 줄 알아야 한다. 그러면 생각보다 손해를 덜 볼 수 있는 반면, 느린 결정의 대가는 클 수 있다"고 말했다.

실제로 아마존은 이 같은 규칙에 맞는 시스템을 구비함으로써 엄청난 이점을 누리고 있다. 아마존의 AI 기반 데이터와 측정지표에 의해 가능한 실시간 데이터 투명성과 이상 감지가 큰 역할을 하고 있는 것이다.

측정지표 담당자가 결정하도록 하라

아마존에는 각 작업의 운영 효율성을 보장하기 위한 일련의 측정지표가 있으며, 각 측정지표에 측정지표 담당자가 지정되어 있다.

때문에 더 이상 서로 책임을 떠넘기며 비난할 필요가 없다. 담당자는 모든 관련 데이터와 분석에 대해 완전한 접근 권한을 가지므로 정보 이용에 제한 받지 않는다. 또한 담당자는 수정 조치를 할 수 있는 분명한 권한을 가지고 있으며, 최대 1단계의 승인을 거치면 되므로 긴 승인 단계를 거치지 않아도 된다.

부서 간 역할 구분을 넘어선 협업이 필요한 경우, 측정지표 담당자는 데이터를 분석해 다른 사람들을 설득할 의무와 권한이 있다. 처음 시도하는 것에 대해 실험이 필요한 경우, 측정지표 담당자는 데이터 분석을 통해 저비용의 파일럿 테스트로 빠르게 피드백을 얻을 수 있다. 만약 중간 과정에서 수정이 필요하다면 데이터 분석을 통한 주간 검토 중 다른 사람에게 중요한 인풋 데이터를 요청하고 승인을 받을 수 있다.

요컨대 측정지표 담당자는 이러한 데이터 투명성, 명확한 책임, 그리고 완전한 접근 권한을 통해 더 빠르게 결함을 식별하고, 근본 원인을 파악해서 수정 조치를 취할 수 있다.

이러한 시스템은 디지털 시대에 요구되는 속도와 민첩성에 매우 중요하다. 더 중요한 사실은 올바른 AI 기반 데이터 및 측정지표 시스템(경영원칙 3)을 활용할 수 있는 적합한 인재(경영원칙 2) 없이는 속도와 민첩성을 확보하는 것이 불가능하다는 것이다.

필요에 따라 승인 절차를 조정하라

신속한 의사결정을 위해서 꼭 게이트키퍼gatekeeper들을 없애야 하는 것은 아니다.

타입 2 결정의 경우 복수의 부서가 승인해야 할 때, 신속한 의사결정을 위해 기존의 순차적 승인 절차를 병렬 승인 절차로 전환할 수 있다. 예를 들어, 아마존에서는 프로젝트 팀이 내부 서비스와 외부 공급업체 중 하나를 자유롭게 선택할 수 있다. 기존의 순차적 선택과 승인 절차를 따르면 2~3개월이 걸릴 수 있다. 아마존은 신속함을 위해 조달, 기술, 금융, 법률 및 기타 필요한 사람들로 구성된 다기능 팀을 구성한다. 긴 순차적 승인 절차는 이러한 다기능 팀의 효과적인 그룹 토론으로 대체되고, 모든 관련 사실, 분석 및 관점이 효율적으로 고려되어 결정된다.

대부분의 경우 승인 절차에 많은 부서, 계층, 사람이 개입하면 명확한 책임성이 사라진다. 하지만 한 사람이 책임을 지도록 하면 결정이 더 빨라진다. 예를 들어 아마존에서는 각 프로젝트 팀에 프로젝트 스폰서로 한 명의 고위 임원이 배정된다. 이렇게 한 사람이 전담하는 승인 절차에서는 언제나 의사결정이 빨라진다.

일상적인 결정은 수학에 기반해 디지털화하라

데이터, 측정지표, AI로 구동되는 아마존의 강력한 도구들은, 수십 년의 경험과 전문지식을 갖춘 업계 베테랑들만 할 수 있던 복잡하고 일상적인 결정들이 이제 디지털화될 수 있음을 보여준다.

대표적인 예가 재고 구매 관리 방법이다. 재고 및 구매 관리는 고객에게 상품을 가능한 한 빨리 공급하고, 재고회전율은 최대한 높이고, 재고량과 관련 비용은 최대한 낮추어야 하는 상충되는 목표 사이에서 적절한 균형을 찾을 필요가 있다.

고객 주문, 계절적 변동성, 공급업체의 공급 속도에 대한 방대한 양의 과거 데이터, 그리고 AI 기반의 분석 및 예측 툴을 고려할 때, 재고 구매 관리는 수학에 기반해 디지털화할 수 있는 일상적인 결정의 대표적 예다.

앞의 챕터 'AI 기반 데이터 및 측정지표 시스템(경영원칙 3)'에서 언급했듯, 차기 주문이행센터의 위치 선정과 같은 결정 또한 하나의 예로, 이미 오래전에 디지털화됐다.

타입 1 의사결정: 몇 가지 결정에 집중하라

비록 강력한 디지털 도구가 수학에 기반해 많은 일상적 결정을 자동화할 수는 있어도, 모든 결정이 위임되거나 디지털화될 수는 없다.

중요한 타입 1 결정에 대해서는 어떻게 해야 할까? 이러한 결정을 내려야 할 경우는 적지만, 돌이킬 수 없고 중요하며 운명을 가르는 결정이다. 수학에 기반한 일상적인 결정과 달리, 이렇게 운명을 가르는 결정들은 대개 논쟁의 여지가 많아서 결국 열띤 논쟁으로 이어지게 된다.

아마존의 25년 역사에는 이런 사례가 많다. 획기적인 발명의 경우, 따를 만한 전례가 없고 분석할 수 있는 확실한 이전 자료들이 풍부하지 않다. 예를 들어 베조스가 2004년에 하드웨어 전문지식 없이 당시 경쟁이 치열하던 가전제품 시장에 진출하기로 결정했을 때 역시 참고할 만한 예전 자료들이 없었다. 그런 가운데 아마존은 킨들을 발명해냈고, 에코와 알렉사에 대한 개발 노력을 가속화했다.

이처럼 힘든 타입 1 결정에 대해 책임을 져야 할 사람은 누구일까? 베조스의 답은 명확하다. 아마존의 창업자 겸 CEO인 베조스는 그 자신이 첫 번째이자 가장 중요한 최고 의사결정 책임자라고 생각한다. 베조스는 한 인터뷰에서 "고위 임원은 몇 가지의 탁월한 결정을 내리는 대가로 급여를 받는 것이다. 고위 임원이 할 일은 매일 수천 가지 결정을 내리는 것이 아니다"라고 말했다.

책임 소재를 명확히 했다면, 이러한 결정들을 신속하고 탁월하게 할 수 있도록 하는 방법은 무엇일까?

최고의 진실을 찾아라

수많은 전통적 기업에서는 정보가 아래에서 위로 여러 계층을 통해 올라가면서 불가피하게 지연, 왜곡, 조작되어 많은 결정들이 전체적인 진실로부터 멀어진 채 내려진다.

예를 들어 우주 왕복선 챌린저호 참사 때, 노벨상 수상자인 리처드 파인만은 유명한 C클램프(물체 고정용 공구) 실험을 통해 간단한 진실을 밝혀냈다. 그는 동그란 고무 패킹을 C클램프로 조인 다음 얼음물에 떨어뜨렸다. 이 실험은 챌린저호 발사 중 영하 0.5도의 온도에서 고무 실링이 동결되어 깨지기 쉬움을 보여주었다. 최종 의사결정 과정에서 제대로 고려되지 않았던 사실을 실험을 통해 밝혀낸 것이다. 만약 참사 가능성과 관련된 이 중요한 정보가 사전에 최종 결정권자들에게 제대로 전달됐더라면 비극을 피할 수 있었을 것이다.

베조스의 오른팔인 릭 달젤은 2013년 〈하버드 비즈니스 리뷰〉에서 베조스가 누구보다도 잘하는 두 가지 일 중 하나로 "그는 항상 최고의 진실을 찾으려고 노력한다"고 말했다. 최고의 진실을 찾으려는 노력은 너무나 당연한 것이지만, 사실 엄격한 위계질서와 두려움을 이용하는 관리, 명령, 통제가 특징인 전통적인 조직들 입장에선 결코 쉽지 않은 일이다.

가능한 변화를 상상하라

최고의 진실 외에 베조스는 한 걸음 더 나아가서, 언제나 미래의 관점으로 상황이 어떻게 변화할 것인가를 생각한다.

예를 들어 2005년 대부분의 아마존 경영진은 아마존 프라임 출범과 관련해 베조스의 의견에 반대했었다. 브래드 스톤은 당시 베조스의 외로운 싸움을 "거의 혼자"라는 표현으로 묘사했다. 경영진의 반대는 근거가 충분했다. 주문 당 8달러의 물류비용과 프라임 회원 한 명당 연간 평균 20건의 주문을 가정할 경우, 배송비는 연간 160달러로 79달러인 회원비의 두 배가 넘는다. 아마존 임원인 디에고 피아첸티니는 "모든 재무분석 자료가 이틀 내 무료배송 서비스가 완전히 미친 짓임을 보여줬다"고 회상했다.

그렇다면 압도적인 반대에도 불구하고 베조스는 어떻게 흔들리지 않는 확신을 가질 수 있었을까? 여기서 핵심 요소는 물류비용이다. 대부분의 사람들은 정적이고 선형적인 사고로 생각하기 때문에, 물류비가 주문 당 8달러라고 단순하게 생각할 것이다.

그러나 베조스는 다른 방식으로 생각한다. 그는 현재의 상태에 얽매이지 않은 채 미래를 그려보고 나서 거꾸로 거슬러 올라간다. 그리고 그것을 실현시키기 위한 전략을 만든다. 이 방법은 분명 필요하지만 흔히 무시되곤 하는 '어떻게 변화할 것인가?'라는 의문에서 시작된다.

그 당시 베조스는 많은 요소들 중 하나인 물류비용이 감소할 것이며, 모든 변화를 고려하면 프라임이 장기적으로 이익을 낼 것이라고 굳게 믿었다. 베조스는 왜 그렇게 믿었을까? 고객들이 더 많이 소비하면 아마존의 물류가 증가하게 될 것이고, 그 증가된 규모가 아마존이 해운사들에게 지불하는 비용을 낮출 것이며, 각 선적에 대한 고정비용을 감소시키는 데 도움이 될 수 있기 때문이다. 또한 아마존의 물류 시스템은 지속적인 시스템 업그레이드를 통해 매년 아마존의 운송비를 두 자릿수 비율로 감소시킬 것이기 때문이었다. 그리고 고객 당 지출이 늘어나고 주문 당 금액이 커지면 운송비

보다 더 높은 매출 총이익이 발생할 것이라는 생각이었다.

베조스의 생각이 옳았음은 사실로 드러났다. 모건스탠리가 조사한 바에 따르면, 프라임 회원들은 평균적으로 비프라임 회원보다 2.7배 더 많이 소비했으며 아마존은 물류비 차감 후 19퍼센트의 주문 마진을 남겼다.

집단사고와 싸워라

베조스는 의사결정 과정에 내재된 인간의 나약함, 그에 따른 편견과 오판(뛰어난 사람이라 할지라도)을 잘 알고 있다. 그래서 그는 집단사고에 순응하지 않고 도전해야 하며, 과도하게 평가되어 있는 '조화에 대한 강조'에 저항해야 한다고 말한다.

그는 사람들이 자신의 생각에 도전하기를 바란다. 새로운 아이디어와 색다른 시각, 더 나은 사고, 혁신적인 사고를 일으키는 토론을 지향한다. 그는 아이디어와 관점이 서로 부딪힐 때, 때로는 그것이 매우 격렬하더라도 제대로 된 진짜 결과가 나온다고 믿는다.

아마존에서 팀 플레이어에 대한 정의는 '전체의 합의에 따르는 사람들'이 아니다. 그 대신 리더들은 동의하지 않는 결정은 불편하고 지치게 하는 일이라 하더라도 정중히 반대해야 한다. 결속을 이유로 타협하지 말아야 한다. 아마존 임직원들은 회사뿐 아니라 고객과 주주에 대해서도 이러한 의무를 지키려 한다.

많은 CEO들이 자신은 색다른 견해를 환영한다고 주장한다. 하지만 임직원들은 자기 의견대로 추진했다가 일이 잘못될 경우에 돌아올 책임을 두려워할 것이다.

소신 있게 반대하거나 헌신하라

중요한 결정에 모든 관련자들이 참가하는 것은 좋은 일이지만, 이를 정책으로 하는 데는 치러야 할 대가가 있다. 당신도 한 명 혹은 몇 명의 반대 때문에 의사결정이 지연됐던 경험을 수없이 해봤을 것이다.

직무별로 조직이 나눠진 대부분의 기업에서 중요한 결정은 이사회를 통해, 또는 직무가 나눠진 임원 간의 합의를 통해서 이루어진다. 이들은 고객에 대한 통합적인 그림을 가지고 있는 경우가 거의 없으며, 결과적으로 완전한 주인의식에 따라 결정하는 대신, 합의에 기반한 결정을 내린다. 이런 결정은 대개 탁월한 결정이 아니며 신속하지 않고 각 개인의 책임감이 결여돼 있기 마련이다.

이런 문제는 결정해야 할 사안이 불확실하고 긴급할 때 더 크게 악화될 수 있다. 미래를 맞힐 수 있는 사람은 없으며, 3년 혹은 5년 후에 무슨 일이 일어날지 100퍼센트 확신할 수 있는 사람 역시 없다. 이런 사안은 어떻게 풀어야 할까?

베조스는 시간을 절약하기 위해 자신의 경험을 통해 '반대하거나 헌신하라'는 리더십 원칙을 제시했다. 그는 "모든 사실이 고려되고 모두의 견해가 드러난 상황에서 의견 일치가 되지 않는데도 불구하고 당신에게 특정 방향에 대한 확신이 있다면 '우리가 이 사안에 대해 서로 동의하지 않는다는 것을 알지만, 저와 함께 도박을 해보시

겠습니까? 반대하거나 받아들여주세요'라고 말하는 것이 낫다. 그쯤 되면 아무도 무엇이 답인지 확실히 알 수 없어서, 아마 금방 승낙을 받을 수 있을 것이다"라고 말했다.

이 '반대하거나 헌신하라' 방법은 일방향적 접근이 아닌 쌍방향 접근이다. 리더들은 이 접근법을 신속한 의사결정을 위해 사용할 수 있고, 이 원칙을 실천할 준비가 되어 있어야 한다. 일례로, 베조스와 그의 팀이 아마존 내 TV 프로그램, 영화, 만화 제작을 담당하는 아마존 스튜디오가 제작할 특정 작품에 대해 서로 다른 견해를 가졌을 때, 베조스는 '반대하거나 헌신하라'는 원칙에 따라 승인을 선택했다. 아마존은 원칙에 충실함으로써 엄청난 시간과 자원을 절약할 수 있었다.

후회를 최소화하라

대단히 불확실하면서도 운명을 가르는 중대한 결정을 내려야 할 때, 베조스라면 최후의 무기인 '후회 최소화 프레임워크'에 의지할 것이다.

베조스는 한 인터뷰에서 "내가 그동안 사업과 삶에서 내린 최고의 결정은 모두 마음과 직관, 그리고 배짱을 따른 것이다. 분석에 의한 게 아니었다. 분석으로 결정을 내릴 수 있을 때는 그렇게 해야겠지만, 인생에서 가장 중요한 결정은 언제나 본능, 직감, 경험, 마음에 따라 이루어지는 것 같다. 내가 80세가 되어 인생을 돌아보게 된다면, 인생에서 후회했던 순간을 최소화하고 싶다. 그리고 우리가 하는 후회들은 대부분 시도하지 않았던 행동들이고, 그건 가보지 않은 길이라고 할 수 있다. 그런 것들이 우리를 후회하게 만든다"라고 말했다. 인터넷 초창기였던 25년 전, 베조스가 높은 연봉이 보장된 월 스트리트에서 계속 일해야 할지 자신의 사업을 시작하는 모험을 해야 할지 운명을 가르는 결정을 내린 것은, 이 후회 최소화 프레임워크에 따른 것이었다.

잘못된 결정은 빠르게 수정하라

베조스는 1997년 주주서한에서 "시장 우위를 확보할 가능성이 충분한 시장에서는 소심한 투자 결정보다는 과감한 투자 결정을 내릴 것이다. 성과를 거둘 결정도 있을 것이고 그렇지 못할 결정도 있겠지만, 어느 경우든 우리는 또 하나의 소중한 교훈을 얻게 될 것이다"라고 밝혔다.

잘못된 결정이 아마존에서의 커리어를 마감하게 하는 것은 아닐 수도 있지만, 베조스는 임직원들이 교훈을 배울 수 있도록 한다. 그렇다면 아마존의 교훈 학습 방법에서 독특한 점은 무엇일까? 그것은 인풋을 고려하는 것이다. 담당자들은 어떤 요소들을 고려하고(또는 고려하지 않았는지) 어떤 가정들을 했는지(왜 그 중 일부는 불합리한 것이었는지), 어떤 중요한 기술적 돌파구가 확실해 보였는지(왜 예상대로 일어나지 않았는지) 등과 같은 질문을 받게 될 것이다.

이러한 사후 분석보다 훨씬 더 중요한 것은 빠른 방향 수정이다. 베조스는 "잘못된 결정을 빨리 인식하고 바로잡을 줄 알아야 한다.

중간에 방향을 잘 틀 줄 알면 잘못된 결정이었어도 치러야 할 대가가 줄어들 수 있는 반면, 방향 전환이 늦으면 그 대가는 분명 클 것이다"라고 말했다.

조직 전체가 탁월한 의사결정을 하게 하라

본질적으로, 의사결정이란 선택을 하는 것이다. 의사결정 방법에 대해 잘 정리된 지침이 없다면, 조직 구성원들은 각자의 방식에 따라 각기 다른 결정을 내릴 것이 분명하다. 그러나 베조스는 아마존의 모든 구성원들이 비즈니스와 관련해 동일한 원칙과 방법론에 따라 좋은 의사결정을 내리도록 한다. '어떻게 하면 조직 전체가 신속하고 탁월한 의사결정을 하도록 할 수 있을까?'는 엄청난 가치가 있는 질문이다.

일관된 원칙을 분명히 밝혀라

베조스는 주주들에게 처음으로 보냈던 주주서한에서 다음과 같이 말했다.

"아마존은 장기적인 사고를 강조하기 때문에 다른 회사들과 차별화된 결정을 내릴 수 있다. 따라서 우리는 주주 여러분이 자신의 투자 철학과 일치하는지 확인하도록, 우리의 기본적인 경영 및 의사결정 접근법을 공유하려 한다.

- 우리는 고객에게 끈질기게 집중할 것이다.
- 우리는 눈앞의 수익이나 증권가의 단기적인 반응보다는, 장기적으로 시장을 주도할 수 있는지를 기준으로 계속해서 투자 결정을 할 것이다.
- 우리는 프로그램과 투자의 효과를 지속적으로 측정해 합리적인 수익이 보이지 않는 프로그램을 폐기하며, 가장 효과가 좋은 프로그램에 대한 투자를 강화할 것이다. 우리는 성공과 실패 모두에서 계속 배울 것이다.
- 주도적 우위를 확보할 가능성이 충분하다고 판단되는 시장에서는 소심한 투자보다는 과감한 투자 결정을 내릴 것이다. 이 투자 결정 중 성과를 거두는 결정도 있고 그렇지 않을 결정도 있겠지만, 우리는 어느 경우든 또 하나의 소중한 교훈을 얻게 될 것이다.
- 일반기업 회계기준GAAP에 따라 재무제표를 최대한 좋게 보이게 하는 것과 미래 현금흐름의 현재가치 극대화 중 하나를 선택해야 할 때, 우리는 현금흐름을 택할 것이다.
- 과감한 선택(합리적인 경쟁 압력 범위 내에서)을 할 경우, 우리의 전략적인 사고 프로세스를 공유하여, 주주 여러분이 우리가 합리적인 장기 투자를 하고 있는지 여부를 스스로 평가할 수 있도록 할 것이다.
- 우리는 현명하게 지출하고 군살을 뺀 문화를 유지하기 위해 열심히 노력할 것이다. 우리는 특히 순손실이 발생하는 사업의

경우 지출에 주의하는 문화를 지속적으로 강화하는 것이 중요함을 잘 알고 있다.

- 자본 관리는 장기적 수익성 확보와 성장 가능성의 균형을 찾을 수 있도록 노력할 것이다. 현 단계에서는 성장을 우선시하기로 선택했다. 규모가 우리 비즈니스 모델의 잠재력을 실현하는 데 중심이 된다고 믿기 때문이다.
- 다양한 재능을 가진 능력 있는 직원들을 채용하고 유지하는 데 계속해서 집중하고, 이들에 대한 보상을 현금보다는 스톡옵션 위주로 할 것이다. 우리는 아마존의 성공이 의욕 있는 임직원을 끌어들이고 유지하는 데 달려 있음을 잘 알고 있다. 아마존 임직원들은 한 사람 한 사람이 주인처럼 생각해야 하고, 실제로 주인이 되어야 한다."

좋은 결정을 내리기란 쉽지 않고, 의사결정 원칙을 분명히 밝히는 것은 훨씬 더 어렵다. 이것이 얼마나 많은 고통과 노력을 요구하는지 상상해보라. 의사결정 원칙을 밝힌 기업이 얼마나 되는지 떠올려 보라. 얼마 되지 않을 것이다.

그렇다면 베조스는 왜 의사결정 원칙을 분명히 밝히기로 했을까? 앞으로 결정을 주저할 여지를 남기지 않고 왜 이처럼 분명히 밝히기로 했을까?

주주들은 분명하고 구체적이며 예측 가능하고 검증 가능한 이 선언을 통해, 정보에 입각해 아마존에 대한 투자 결정을 내릴 수 있다. 또한 아마존은 고객들에게 아마존의 의사결정 원칙을 공개함으로써 장기적인 신뢰 관계를 구축하고자 한다.

그러나 가장 중요한 것은 투명하게 공유되는 이 의사결정 원칙들이 바로 현재와 미래의 아마존 임직원들을 위한 것이라는 점이다. 아마존의 의사결정 원칙은 구성원 모두가 의사결정 구조를 이해할 수 있도록 하고, 필요한 경우 올바른 선택을 할 수 있도록 하는 명확한 지침이다.

일관된 방법론을 구체적으로 제시하라: 6페이지 보고서

2004년 6월 9일, 기존의 프레젠테이션 관행에 눈부신 혁신이 일어났다. 이것은 베조스가 보낸 "지금부터 S팀에서는 파워포인트를 이용한 프레젠테이션을 금지한다"라는 제목의 이메일 한 통에서 시작됐다. 이날부터 아마존은 파워포인트 사용 금지 운동을 시작했고, '6페이지 보고서(때로는 2페이지)'를 향한 여정에 착수했다.

당신은 '파워포인트 사용 금지'라는 아이디어에 대해 비웃을지도 모른다. 파워포인트가 사실상 제2의 비즈니스 언어가 된 시대에 이 방법이 유용한가 하고 의심할 수도 있다. 당신만 이렇게 생각하지는 않을 것이다. 아예 파워포인트 프레젠테이션 작성을 전담하는 부서가 있는 기업들도 있는 시대니 말이다.

그러나 6페이지 보고서는 베조스가 진지한 고민 끝에 내놓은 아이디어였다. 6페이지의 서술형 보고서를 제대로 작성하기 위해서는 검토와 수정을 거치다보면 일주일 이상 걸릴 수도 있다. 이처럼

제프 베조스의 이메일

반복해서 검토하는 과정을 거치며 더욱 논리적이고 명확한 보고서를 작성하게 되므로, 결과적으로 베조스의 생각은 옳은 결정이었다. 베조스 자신도 적지 않은 분량의 글을 작성하는 것이 결코 쉬운 일이 아님을 인정했다. "훌륭한 보고서는 썼다가 다시 쓰고, 작업을 개선해 달라고 요청한 동료들과 사전에 공유하고, 며칠 동안 묵혀두었다가 새로운 생각으로 글을 다시 정리하는 과정을 거치며 나오게 된다. 하루 이틀 만에 작성할 수 있는 것이 아니다."

아마존에서 일했던 많은 임직원들은 떠난 지 한참이 지난 후에도 이 관행을 생생하게 기억한다. 아마존 전 경영자인 존 로스먼은 "주말에 수많은 시간을 문서 작성과 편집에 사용했다"고 말했다.

그렇다면 베조스는 왜 임직원들이 6페이지 문서 작성에 그토록 많은 시간과 노력을 투자하게 했을까? 그리고 아마존 임직원들은 왜 이 방법을 높이 평가하며, 밤낮은 물론이고 주말에도 6페이지 문서 작성에 시간을 투자할 가치가 있다고 생각할까?

베조스는 2012년 찰리 로즈와의 인터뷰에서 "생각을 완전한 문장으로 쓰고 단락을 완성하려면, 더 깊고 명확하게 생각하게 된다"라고 말했다. 이는 드러나는 정보가 아주 적은 파워포인트와는 상당히 대조적이다. 베조스는 "파워포인트 프레젠테이션은 발표자에게는 편하지만, 듣는 사람은 이해하기가 쉽지 않다"라고 설명했다.

6페이지 분량의 보고서 작성을 하려면 발표 내용을 철저히 분석하고, 미묘한 차이를 구별할 수밖에 없게 된다. 또한 명확한 논리를 세우고 다양한 아이디어 중 우선순위를 정하게 된다. 그리고 구체적인 제안사항에 대해서는 책임감을 가지게 된다. 애매하게 비껴가고, 숨기며, 요령을 피울 여지가 없게 되는 것이다. 자신이 구체적으로 공언했기 때문에 책임을 질 수 밖에 없게 된다.

아마존에 새로 온 사람들은 파워포인트 사용 금지에 놀랄 뿐 아니라, 아마존에서 열리는 거의 모든 회의가 15분에서 30분 동안 침묵하는 가운데 문서를 읽는 것으로 시작된다는 사실에 충격을 받을 것이다.

왜 바로 발표를 하지 않고 읽기만 할까? 베조스는 "임원들은 발표 중간에 끼어들어 방해를 하곤 한다. 조금 더 기다리면 슬라이드로 소개될 내용인데 임원들은 중간에 질문을 던지곤 한다. 반면, 6페이지 분량의 보고서를 전부 읽을 경우는 어떨까. 2페이지쯤 읽다 보면 의문 사항이 생긴다. 나 같은 경우 그 내용을 여백에 적어둔다. 계속 읽다보면 4페이지에서 의문 사항이 해결된다. 그럼 적어두었던 의문사항에는 '해결됐다'고 표시한다. 이렇게 시간을 절약하는 것이다"라고 말했다. 6페이지 분량의 보고서를 함께 읽는 것은 모든 사람이 전체 발표 내용을 파악할 수 있는 매우 효과적인 방법이며, 제대로 된 토론을 할 수 있도록 해준다.

그렇기 때문에 아마존에서 회의는 명확한 결론이나 구체적인 조치 없이는 좀처럼 끝나지 않는다. 심지어 회의에 불참한 사람들도 어떤 결정이 어떻게 내려지게 됐는지 쉽게 이해할 수 있다.

아마존에서 일했던 사미르 라카니는 "베조스는 모든 임직원들에게 따라야 할 표준운영절차를 잘 전달했다"라고 말하며 이 6페이지 문서 관행의 가치를 설명했다.

모든 의사결정에 일관된 접근 방식을 적용하라

앞서 언급했듯이 좋은 결정을 내리기란 어렵고, 의사결정 원칙을 명확히 밝히는 것은 더 어렵다. 가장 어려운 부분은 이를 실천에 옮겨 의사결정을 내릴 때마다 원칙을 일관되게 적용하는 것이다.

2010년 베조스는 "아마존의 성인용품 카테고리에서 윤활제 품목을 검색했지만 구매하지 않은 고객들이 다양한 젤과 기타 성인용품을 홍보하는 맞춤식 이메일을 받았다"고 말했다. 그는 '마케팅 부서가 보낸 이메일이 고객들을 당황하게 만들었고 보내지 않았어야 했다'고 생각해 이에 대한 회의를 소집했다.

회의에서 경영진은 윤활제는 슈퍼마켓과 드러그스토어 등에서도 구입할 수 있는 품목이어서 그다지 고객들을 당혹스럽게 하는 것은 아니라고 주장했다. 이들은 또한 아마존이 이와 같은 이메일을 통해 상당한 매출을 올릴 수 있다고 주장했다. 하지만 베조스는 아무리 수익이 나는 것이라도 고객의 신뢰를 위태롭게 해서는 안 된다고 생각했다. 베조스의 신념을 확인하는 순간이었다. 베조스는 아마존과 고객 간의 유대를 훼손하기보다는 수익 감소를 감수하려고 했다.

당신에게 중요한 것이 무엇이고, 어려운 상황에서 당신이 어떻게 결정을 내릴 것인지에 대해 다른 사람들에게 확실하게 알릴 수 있는 것은 바로 이러한 결정적인 순간들이다. 줄리 위드가 《아마존 웨이》 서문에서 밝혔듯 아마존의 원칙은 벽에 걸린 포스터와 커피잔에 인쇄된 장식용 슬로건이 아니다. 아마존의 원칙은 CEO로부터 전해져 내려와 아마존 임직원들이 매일 숨 쉬는 공기와 같다.

· · · ·

의사결정이란 선택하는 것이다.

"결국 우리는 우리가 한 선택들로 이루어진 존재다."

정말 어려운 선택은 대개 옳거나 그른 선택, 더 좋거나 더 나쁜 선택 사이의 선택이 아니라, 두 가지의 합리적 선택 사이의 선택이다. 사람마다 가치, 원칙, 선호도가 다르기 때문에 각각의 사람들은 각기 다른 선택을 할 것이다.

하지만 조직 전체가 일관된 선택을 하도록 하기 위해서는, 회사의 원칙을 분명하게 밝히고 그에 상응하는 기업문화를 구축하고 강화해야 한다. 올바른 기업문화의 중요성을 부정하는 사람은 없을 것이다. 진짜 문제는 올바른 기업문화를 어떻게 정의하고 어떻게 구축하느냐이다. 그렇다면 아마존은 어떻게 기업문화를 정의하고 구축하고 있을까? 다음 챕터인 '영원한 Day 1 문화'에서 살펴보도록 하자.

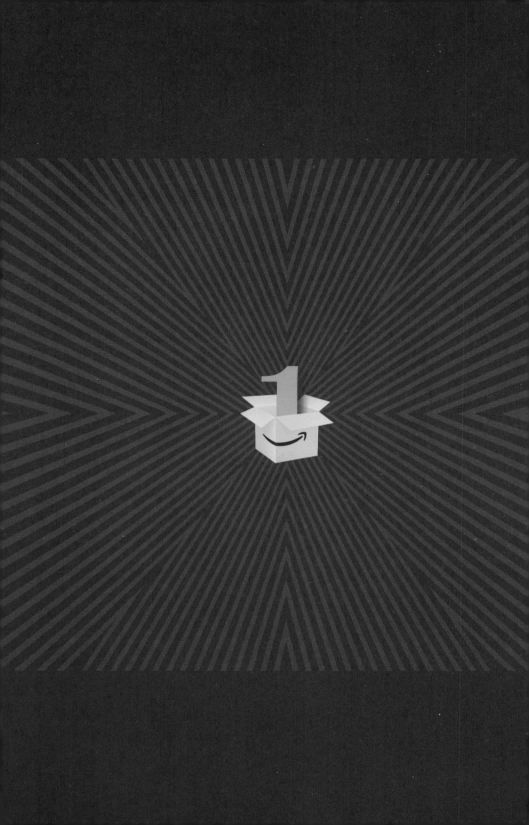

우리의 접근방식은
언제나 변함없이
Day 1입니다.

제프 베조스, 모든 주주서한의 마지막 문장

아마존은 세계적 기업으로 성장한 지금도 창업 첫날의 초심을 영원히 지키기 위해 최선을 다하고 있다. 대기업의 규모, 스타트업이 가진 속도와 민첩성, 조직 역량의 지속적인 업그레이드를 결합해 Day 1 정신을 지키고자 한다.

· 영원히 Day 1 조직이어야 하는 이유

Day 2는 곧 죽음으로 이어진다
고객의 신성한 불만

· Day 2를 막아라

스타트 패키지
고객에 대한 집착
프록시에 저항하라
트렌드를 수용하라
신속한 의사결정
무사안일주의와 싸워라
관료주의를 없애라
의존관계의 주인이 돼라

· 영원한 Day 1 문화를 만들어라

문화를 조작화하라
강제 메커니즘을 만들어라
모델을 제시하라
기억에 남는 상징과 보상을 발명하라

영원한 Day 1 문화

제프 베조스는 사업을 시작한 첫 날부터 고객에게 집착해 왔다. 아마존 설립 이래 줄곧 고객에 대한 끈질긴 집중은 모든 결정에 영향을 미치고 거의 모든 의사소통과 실행을 통해 나타났다. 이른 아침 회의에 고객을 대표하는 빈자리를 만들어 두는 것에서부터 매년 주주에게 보내는 서한에서 반복되는 말에 이르기까지, 아마존에게 고객은 길을 비춰주는 안내등이다.

그런데 베조스가 고객 외에도 유독 집착하고 있는 것이 한 가지 더 있다. 바로 '조직'이다. 아마존 본사는 물론 주문이행센터에 대해서도 그는 언제나 회사 시스템과 기업문화에 결점이 생기는 것을 경계한다.

그렇다면 베조스가 아마존이라는 여정을 시작했을 때, 과연 어떤 조직을 만들고 싶어 했을까? 베조스가 지난 23년(1997년~2019년) 동안 꼼꼼히 작성한 주주서한을 모두 읽어보면, 'Day 1'이라는 문구가 무려 22번이나 등장함을 알 수 있다. 지난 10년 동안 모든 주주서한은 놀랍게도 동일한 하나의 문장으로 마무리됐다.

"언제나처럼 1997년에 처음 보냈던 주주서한 사본을 첨부한다. 우리의 접근방식은 변함없이 Day 1이다." (2009년~2015년)

"언제나처럼 1997년에 처음 보냈던 주주서한 사본을 첨부한다. 아마존은 여전히 Day 1이다." (2016년~2019년)

아마존 본사에 가면 'Day 1'이라는 이름의 건물을 볼 수 있다. 베조스의 사무실이 있는 건물이기도 하다. 그가 현재 건물로 사무실을 옮기면서 건물의 이름도 바꿨다. 건물 현관에는 다음과 같은 글이 있다.

"아직 발명되지 않은 것들이 너무나 많다. 새롭게 발명될 것들도 너무나 많다."

Day 1 정신, 즉 초심은 베조스에게 왜 이처럼 중요할까? 왜 그는 '아마존의 매일은 언제나 첫날'임을 모두에게 끊임없이 상기시키고 싶어 할까?

영원히 Day 1 조직이어야 하는 이유

창업 초기 단계에는 창업자(또는 소규모 창업팀)가 디자인부터 제조, 판매, 배달, 상품 보관에 이르기까지 거의 모든 일을 직접 관리한다. 운이 그들의 편이라면 사업은 이내 창업팀의 역량을 넘어설

정도로 성장할 것이고, 이렇게 되면 팀을 확장하여 조직을 만들어야 할 것이다.

보통 초기 조직은 대부분 신속성, 민첩성, 위험에 도전하는 성향을 가지고 성장한다. 하지만 사업이 커지고 복잡성이 증가하고 조직에 계층이 생기면 한때 민첩했던 스타트업은 초기와 달리 비신속성, 경직성, 위험 회피 성향으로 대표되는 소위 '대규모 조직의 함정'에 빠질 수밖에 없다.

베조스는 1986년 프린스턴대 전기공학 및 컴퓨터공학 학사 학위를 받았다. 사실 입학 당시에는 물리학을 공부할 생각이었다. 그가 열역학에서 중요한 개념이자 무질서한 시스템의 지표인 '엔트로피entropy(열의 이동과 더불어 유효하게 이용할 수 있는 에너지의 감소 정도 또는 사용할 수 없는 에너지의 증가 정도를 나타내는 양)'라는 용어를 빌려와 아마존이라는 조직에 적용할 수 있었던 것은 바로 이런 배경 때문이었다.

물리학 세계에서는 우주의 총 엔트로피, 즉 무질서의 정도가 지속적으로 증가한다. 비즈니스 세계에서는 조직이 방치되면 조직의 효율성과 활력이 저하되고 복잡성과 경직성이 높아진다. 이것이 '엔트로피 증가의 법칙'이다. 아무리 현재 뛰어난 기업이라고 해도 엔트로피와 싸우려는 의지와 제도적 결단 없이는 평범한 기업으로 전락할 것을 의미하기 때문에, 기업이 경계해야 할 점을 알려 주는 법칙이라 할 수 있다.

베조스의 목표는 자신이 설립한 회사인 아마존에서 엔트로피 증가의 법칙을 막는 것이었다. 그는 "우리는 엔트로피와 싸우고 싶다. 기준을 계속해서 올려야 한다"고 말했다.

Day 2는 곧 죽음으로 이어진다

물리학이나 과학 전공자라면 쉽게 엔트로피를 이해할 것이다. 하지만 아마존의 모든 임직원들이 엔트로피를 이해하고 수용할 수 있도록 하려면, 추상적인 개념인 엔트로피를 최대한 쉽게 설명해야 한다.

베조스가 고집스럽게 반복해서 강조하는 'Day 1'과 'Day 2'에 대한 비교는 엔트로피 개념을 아주 쉽게 설명할 수 있는 매우 유용한 방법이다. 첫날과 둘째 날에 대한 비교는 아마존이 대기업의 많은 장점을 바탕으로 스타트업의 기업가적 활력을 유지하면서 규모와 범위에서 공격적으로 성장하길 바라는 베조스의 열망을 담고 있다.

베조스는 엔트로피가 증가하는 법칙을 거스르는 것이 결코 쉽지 않다는 것을 충분히 알고 있었다. 그는 "실적이 뛰어난 대기업이라도 빠질 수밖에 없는 함정이 있는데, 우리는 이 함정을 경계할 방법을 배워야 할 것"이라고 말했다.

그렇다면 베조스의 머릿속에서 Day 2는 어떤 모습일까? "Day 2는 정체 상태다. 몹시 고통스러운 쇠퇴가 따르고, 마지막은 죽음(엔트로피 증가에 따른 우주의 열역학적 종말인 '열 죽음heat death'을 빗대어 베조스가 한 말-옮긴이)에 이르게 된다. 언제나 Day 1이어야 하는 이유다."

어린 시절 축구 경기 패배 때문에 사람들 앞에서 눈물을 보일 정

도로 승부욕이 강했던 베조스였다. 그런 그에게 '죽음'을 의미하는
Day 2는 결코 원하지 않는 것이다.

고객의 신성한 불만

앞의 챕터 '경영원칙 4: 완전히 획기적인 발명 기계'에서 설명했
듯, 베조스가 고객을 매우 중요하게 생각하는 이유 중 하나는 '고객
의 신성한 불만'이다. 고객들의 기대치는 계속해서 올라가기 때문
이다.

터무니없다고 생각될 정도의 높은 기준을 강조하는 것으로 유명
한 베조스는 단지 고객의 기대에 부응하는 것만으로는 결코 만족하
지 않았다. 그는 끊임없이 고객들을 기쁘게 하고, 고객들을 대신해
서 발명하고, 고객들의 입에서 놀라워하는 소리를 듣기를 원한다.
그가 그토록 집요하게 만들고 싶어 하는 것은 단순한 발명 기계가
아니다. 점점 더 발명 속도가 빨라지는 발명 기계다. 그것이 계속해
서 높아지는 고객들의 기대보다 앞설 수 있는 유일한 방법이기 때
문이다.

고객에 대한 집착과 Day 1 정신은 아마존 경영관리시스템을 함
께 이끄는 불가분의 쌍둥이 같은 존재이다. 아마존은 모든 부분을
계속해서 개선해야 하고, 또한 계속해서 속도와 민첩성을 증가시켜
야 한다. 요컨대 아무리 덩치가 커져도 아마존은 언제나 Day 1이다.

Day 2를 막아라

지구상의 거의 모든 조직이 안고 있는 문제의 근원이자 가장 오래된 문제인 Day 2를 막을 간단한 해결책은 없다. 조직을 Day 2로 이끄는 많은 함정들이 있다. 몇몇 함정은 분명하지만, 몇몇은 훨씬 더 미묘하고 인간 본성에 깊이 새겨진 함정들이다. 그렇다면 Day 2를 막기 위해 어디서부터 시작해야 할까?

스타트 패키지

베조스는 이 문제를 일찍부터 인식하고 해결책을 찾기 위해서 수없이 많은 생각을 했다. 2016년 주주서한에서 그는 Day 1을 지키기 위해 필수적인 '스타트 패키지starter package(게임, 제품 등의 초보 이용자 또는 신입사원들의 시작을 돕는 것-옮긴이)'를 제시했다.

- 고객에 대한 집착
- 프록시에 대한 저항
- 트렌드에 대한 수용
- 신속한 의사 결정

고객에 대한 집착

아마존의 첫 번째 경영원칙은 고객에 대한 집착이다. 베조스는 고객에 대한 집착이 Day 1 정신의 활력을 유지하는 데 필수적이라고 생각한다. 아마존의 핵심 목적인 고객에 대한 집착이 아마존의 의사결정과 실행을 영원히 이끌기 때문이다. 신성한 불만을 가진 고객들에게 즐거움을 주기 위해 헌신하는 사람들은 고객들을 대신해 지속적으로 개선, 혁신, 발명을 하고, 끊임없이 올라가는 고객의 기대치보다 더 빠르게 조직의 역량을 향상시키려는 투지가 넘칠 것이다.

이들은 개인의 성장과 조직의 역량을 끈질기게 강화시킬 것이다. 그리고 인내심을 가지고 실험하고, 실패를 받아들이며, 씨앗을 심고, 어린 나무를 보호하며, 고객의 즐거움을 볼 때 더 열심히 노력할 것이다. 고객에 집착하는 문화는 이러한 상황을 가장 잘 만들어낸다.

프록시에 저항하라

베조스는 "기업이 커지고 복잡해지면 프록시proxy(바람직하지 않은 자신의 행동이나 결정에 대한 책임을 돌리기 위해 사용하는 핑계거리-옮긴이)가 생겨나는 경향이 있다. 여러 가지 형태와 규모로 나타나는 프록시는 위험하고 미묘하며 조직을 Day 2에 이르게 한다. 대표적인 예가 프로세스를 핑계거리로 내세우는 것이다"라고 말했다.

프로세스는 원래 비즈니스 운영의 확장성을 높이기 위해 설계된, 목적을 위한 수단이다. 그러나 기업이 성장함에 따라 프로세스는 그 자체가 목적이 되고 더욱 복잡해진다. 대부분의 사람들은 프로세스를 어떻게 뚫고 나가야 하는지 알기 힘들다. 심한 경우 내부 프로세스에서 발생하는 제약 조건 때문에 고객에 대한 서비스를 훼손

하거나, 가장 중요한 고객보다 오히려 투입물과 산출물에 집중하는
등의 주객이 전도되는 일이 발생한다.

트렌드를 수용하라

대부분의 Day 2 기업들은 중요한 외부 변화에 대해 경각심이 부
족하다. 초기에 발생하는 경고 신호를 감지하는 데 지나치게 오래
걸린다. 외부의 변화는 기존 사업에 미치는 영향은 물론 새로운 사
업기회에도 영향을 미칠 수 있는데 이런 것들을 분석하는 데 너무
많은 시간이 지체된다. 또한 새로운 현실에 대처하기 위한 자원 할
당이나 내부 인원 또는 팀을 조정하는 결정도 느려진다.

많은 Day 2 기업들은 '세상은 언제나 기존 질서에 따라서 돌아가
고, 계속해서 과거의 영광을 누릴 수 있을 것'이라는 생각으로 움직
인다. 의식적이든 아니든, 대부분의 Day 2 기업들은 새로운 트렌드
를 수용하기는커녕 오히려 거부한다.

빅 데이터, 머신러닝, 인공지능과 같은 새로운 디지털 기술에 대
해 Day 2 기업들은 새로운 기술을 기존 사업에 적용하는 것이 얼마
나 실질적 도움이 되는지, 다시 말해 막대한 투자가 사업에 얼마나
실제적인 영향을 미칠 수 있는지, 투자 수익은 어떻게 될 것인지 등
을 분석하는 데 집중한다.

기술 개발 및 미래 먹거리 사업 개발에 대한 의사결정을 할 때
는 필연적으로 상당한 불확실성이 수반되기 때문에 재무적 관점에
서 정확한 기대수익을 산출하는 것이 쉽지 않다. 따라서 이런 관점

으로 시장에 출현하는 신기술을 분석하거나, 기존 조직에 적용하는 것을 검토하는 일은 대개 뚜렷한 결론 없이 흐지부지 끝나는 경우가 많다.

과거에 매달리는 Day 2 조직 리더들은 '기대수익이 명확하지 않다'는 점을 미래에 대한 계획이나 준비를 회피하는 핑계로 삼는다. 이런 리더들은 대부분 자신들만의 영역 안에서 착각에 빠지거나, 기존 사업에 안주하며 변화를 거부하는 삶을 계속 이어간다.

신속한 의사결정

우리가 앞 장에서 살펴본 바와 같이, 아마존은 변경 가능하고 되돌릴 수 있는 타입 2 결정을 포함한 대부분의 결정에 천편일률적인 방법으로 접근하지 않는다. 사실 모든 의사결정을 최고 임원진이 해야 하거나, 의사결정에 필요한 모든 정보가 모이는 것을 기다려야 하거나, 긴 승인 단계를 거치거나, 관련된 모든 사람의 동의가 필요한 것은 아니다.

올바른 의사결정 관행이 쌓이면, 지속적인 개선을 위한 여러 가지 실험들을 모니터링하거나 학습하기 위해 일련의 측정지표를 명확히 정의하는 습관이 형성된다. 그리고 도전적이지만 바람직한 방향으로 발전할 수 있는 목표를 심사숙고해서 설정하는 문화가 자연스럽게 형성된다.

그렇다면 베조스의 스타트 패키지에 언급된 요인 외에, 어떤 요인이 조직을 Day 2에 이르게 할까? 대개 그 범인은 책임을 흐리게 하는 무사안일주의, 관료주의, 상호 의존관계이다.

무사안일주의와 싸워라

베조스가 고객의 신성한 불만을 사랑한다는 사실에는 중요한 의미가 있다. 베조스 스스로 신성한 불만을 가진 사람이기 때문에, 그는 고객의 마음을 더욱 쉽게 이해하고 그들의 욕구를 통찰할 수 있다. 베조스는 고객의 불만보다 더 높은 기준을 세우고자 끊임없이 최선을 다한다.

제프 베조스는 그가 선택한 모든 것에서 더 크고, 더 나은 것(약간 더 나은 것이 아니라 훨씬 더 나은), 차별화된 것, 또는 완전히 새로운 것을 목표로 설정하려고 한다. 그의 목표는 단순히 시장에서 최고의 제품과 서비스를 제공하는 수준이 아니라, '표준을 만들어내는 조직'이 되는 것이다. 베조스는 언제나 명확하면서도 자기 스스로 만족할 수 있는 결과를 원한다.

지속적인 개선을 추구하는 베조스의 끈질긴 노력은 곧 그의 DNA라 할 수 있다. 아마존의 설립자이자 CEO로서 베조스는 이러한 자신의 DNA를 회사 전체의 가치와 운영 원리로 확립하여 명시적으로 모든 구성원들에게 주입할 필요가 있다.

그의 이러한 사명을 가로막는 최대 적은 무엇일까? 그것은 바로 무사안일주의다. 존 로스먼 전 아마존 최고경영자는 "베조스는 무엇보다도 무사안일주의를 두려워하고 혐오한다"고 말했다. 베조스는 아마존이 규모가 커지고 상당한 성공을 거두면서 무사안일주의가 '위험을 무릅쓰려는 아마존의 정신과 열망'을 대체할까봐 우려했다. 만약 그렇게 될 경우 아마존은 최고의 기준을 더 이상 고집할수 없으며 결국 관료주의라는 거대한 함정에 빠져들 것이다. 베조스는 이런 상황에 이르면 아마존은 곧 죽음에 이를 것이라고 여러임원들에게 강조했다.

어느 순간 슬며시 파고든 무사안일주의와 싸워 이길 쉽고 명확한방안을 가지고 있는 조직이 얼마나 될까. 아마존은 꾸준히 기존보다 기준을 높이는 방법으로 무사안일주의와 싸운다. 얼핏 이 방법은 매우 단순해 보일지도 모른다. 그러나 아마존은 조직 전체가 이방법을 통해 무사안일주의와 싸우려는 명확한 의지를 가지고 있다.

따라서 아마존의 거의 모든 임직원들은 지속적으로 기준을 높이기 위해 무엇을 어떻게 해야 할지 계속 고민하고 대안을 찾는다. 그들은 어떻게 해야 더 적은 투입으로 기존 대비 효율성을 높일 수 있는지, 고객들에게 꾸준한 즐거움과 놀라움을 주기 위해 어떤 새로운 제품과 서비스를 개발해야 하는지 등의 도전과제들을 발굴하고, 해결책을 찾기 위해 노력한다.

관료주의를 없애라

'경영원칙 2: 지속적으로 인재의 기준치를 높여주는 인재풀'에서설명했듯, 베조스는 관료주의를 대단히 싫어한다. 이는 아마도 진정한 빌더인 그의 할아버지로부터 영향을 받았기 때문일 것이다.

베조스만 관료주의를 유별나게 싫어하는 것은 아니다. A급 인재들 또한 일반적으로 관료주의를 혐오한다. 관료주의가 뿌리 깊은 조직이라면, A급 임직원들은 베조스의 할아버지가 그랬던 것처럼 곧 회사를 그만둘 것이다.

이에 반해 관료주의를 애호하는 C급, D급의 직원들이 있다. 이들은 관료주의라는 방패 뒤에 몸을 숨기면 투명성, 책임성 또는 측정 가능성으로부터 자신을 보호할 수 있기 때문에 오히려 관료주의를 선호할 가능성이 크다. 이런 속성들 때문에 주의를 기울여 관료주의가 발생하는 것을 끊임없이 사전에 방지하지 않으면, 관료주의는 빠르게 조직 전체를 잠식할 수 있다. 뿐만 아니라 관료주의는 많은 경우 최고의 성과를 내는 유능한 직원들을 쫓아낼 수 있으며, 조직을 급격하게 Day 2 조직으로 변화시키는 단방향 급행열차와도 같다.

그렇다면 이런 관료주의를 어떻게 제거할 수 있을까? 베조스는 이에 대해 누구보다도 많은 고민과 생각을 했다. 관료주의를 제거하기 위한 아마존의 3가지 노하우를 살펴보자.

- **철저한 예산 통제**: 예산을 결정하는 권한에 관심이 많은 사람이라면 아마존은 아마도 가장 가고 싶지 않은 직장일 것이다. 아마존에는 개인이 재량으로 결정할 수 있는 예산이 사실상 없기 때문이다. 아마존은 관료주의가 끼어들 틈을 주지 않기 위해서 고안한 '자린고비 경영'으로 악명이 높다.

- **간접 인력의 최소화**: 아마존에서 가장 중요한 일 중 하나는 새로운 기술이나 더 나은 고객 경험을 창출하는 것이다. 따라서 아마존에서는 이 일에 직접적으로 관여하는 사람들을 '직접 인력'으로 간주하는 반면, 다른 사람들은 모두 '간접 인력'으로 간주한다. 아마존은 간접 인력의 규모에 대해서 항상 엄격히 통제해 왔다. 베조스는 관료주의를 애호하는 C급, D급 직원들이 주로 간접 인력에 포함되어 있다고 믿는다. 일례로 베조스는 특히 중간 관리층을 줄이기 위해 상당히 노력한다. 아마존의 일반관리비 지출이 총 수익 대비 1.5퍼센트밖에 되지 않을 정도로 대단히 낮은 이유 중 하나도 아마 이 때문일 것이다.

- **프로세스의 간소화**: 베조스는 효율적인 프로세스가 창출하는 가치를 매우 중요하게 생각한다. 정의된 프로세스가 없으면 기존 비즈니스를 확장하는 것이 상대적으로 늦어질 수 있다. 그렇다면 비능률을 만드는 관료주의와 가치를 창출하는 효율적인 프로세스를 어떻게 구분할 수 있을까? 존 로스먼은 다음과 같이 나쁜 프로세스를 경고하는 체크 리스트를 작성했다.
  - 규칙을 설명할 수 없을 때
  - 규칙이 고객에게 이롭지 않을 때
  - 상급자들로부터 보상을 받을 수 없을 때
  - 합리적인 질문에 대한 답을 얻을 수 없을 때
  - 프로세스와 관련해 서비스 수준 협약서가 작성되지 않거나, 구체적인 응답

시간이 보장되어 있지 않을 때

- 규칙이 합리적이지 않을 때

여기서 설명한 상황 중 하나라도 발생할 경우, 프로세스를 재점검하고 단순화하기 위해 노력한다. 효율적인 프로세스는 각 단계에서 올바른 인풋과 아웃풋이 투입되고 산출되어야 하며, 기존보다 적은 수의 간접 인력, 높은 투명성, 신속하면서도 효율적인 의사 결정, 명확한 엔드투엔드 책임 부여를 추구하며 설계돼야 한다.

의존관계의 주인이 돼라

목표를 달성하지 못할 때 창업자나 기업 리더는 쏟아지는 비난을 감내해야 하는 고통스러운 순간을 맞이한다.

어떻게 하면 이 불가피해 보이는 내부 의존관계를 끊고, 끝없이 다른 사람이나 부서를 비난하는 전쟁을 끝낼 수 있을까? 이 문제를 해결하기 위해 대부분의 기업은 핵심성과지표KPI, 집단성과급제(성과분배제도), 부서 간 협업을 장려하는 기타 방법 등의 전통적 관행을 따른다.

항상 창의적이면서 보다 나은 아이디어를 추구하는 베조스는 많은 기업들이 사용하지만 그다지 효과적이지 못한 것으로 드러난 이런 접근법들에 안주할 수 없었다. 그는 2003년 3단계 방법론으로 이런 까다로운 내부 의존관계 문제를 해결하였다.

• 1단계: 가능하다면 다른 사람에게 의존할 필요가 없도록 당신

이 의존관계를 통제하라.
- 2단계: 그것이 불가능하다면 협의를 통해 다른 사람으로부터 분명하고 명확한 헌신을 이끌어내고 관리하라.
- 3단계: 가능한 한 항상 대비책을 수립하라. 의존관계 때문에 발생할 수 있는 모든 상황에 대해 대체 방안을 세워라.

부서 간 내부 의존관계에 대해 베조스가 설정한 이런 야심찬 접근방법이 성공하기 위해서는 아마존 전체에 걸쳐 일관되고 성공적인 실행 및 운영이 필요하다. 모든 업무를 실행함에 있어 내부 의존관계가 잘 작동하도록 하고, 예산범위 내에서 추진하고, 시간적으로 지연되지 않고, 필요한 도적적 기준에 맞추는 것은 상당히 어려운 과제다. 성공적인 실행을 위해서는 모든 사람이 진정한 주인의식을 갖는 것이 필요하다. 이는 적합한 인재를 선발해서 최적의 위치에 배치하고, 내부 운영에 대한 데이터 및 측정지표 시스템을 제대로 작동시켜야 가능한 일이다.

내부 의존관계를 관리하는 베조스의 색다른 접근법은 아마존이 AWS에 대한 아이디어를 떠올리는 계기가 되기도 했다.

영원한 Day 1 문화를 만들어라

영원한 Day 1forever day 1 조직을 구축하기 위해서는 그에 상응하는 기업문화가 필요하다. 기업문화는 일단 형성되면 기업의 정신과 DNA에 깊이 뿌리내리기 때문에 이후에는 바꾸기 힘들다. 올바른 문화의 중요성을 부정하는 사람은 아무도 없을 것이다. 문제는 올바른 문화를 어떻게 정의하고 어떻게 구축할 것인가다.

문화를 조작화하라

기업문화란 무엇일까? 베조스는 이렇게 말했다. "기업문화는 창조하는 것이지, 사후에 기록하는 것이 아니다." 기업문화는 우연에 맡기는 것이 아니라 적극적으로 창조되어야 한다는 말이다.

문화는 보통 조직이 설립될 때부터 형성되기 시작한다. 따라서 창립 멤버들에 의해 기업문화에 대한 가장 강력한 토대가 만들어진다. 창립 멤버들의 일상적인 행동, 의사결정 원칙, 고용과 승진 및 해고에 대한 결정, 핵심 원칙의 실천, 성공과 실패 등 거의 모든 것이 기업문화가 형성되는 토대가 된다.

아마존의 사명은 "우리는 고객에게 최저 가격과 최고의 선택권 및 편의성을 제공하기 위해 최선을 다해 노력한다"이다. 아마존의 비전은 "고객들이 온라인에서 사고 싶은 것을 고객보다 먼저 찾아내 전 세계에서 가장 고객 중심적인 회사가 되는 것"이다.

아마존의 리더십 원칙은 수년간 진화해왔다. 1998년 아마존에는 고객에 대한 집착, 절약, 신속한 의사결정과 수행, 주인의식, 인재에 대한 높은 기준이라는 5가지 리더십 원칙만 있었다. 이런 5가지 리더십 원칙은 상당히 단순해 보이지만, 대부분의 전통적인 회사들이 가지고 있는 가치와는 매우 달랐다. 기존 5가지 가치에 '혁신'을 비롯한 다른 가치들이 추가되면서, 현재 아마존은 14가지 리더십 원칙을 바탕으로 기업문화를 정의하고 있다. 아마존의 리더십 원칙은 베조스뿐 아니라 아마존 리더십 팀이 함께 정의하고 있다.

1. 고객에게 집착하라
2. 주인의식을 가져라
3. 발명하고 단순화하라
4. 리더는 대부분 옳다
5. 배우고 호기심을 가져라
6. 최고의 인재를 채용하고 육성하라
7. 최고의 기준을 고집하라
8. 크게 생각하라
9. 신속하게 결정하고 실행하라
10. 절약하라
11. 다른 사람들의 신뢰를 얻어라
12. 깊게 파고들어라
13. 소신 있게 반대하거나 헌신하라
14. 구체적인 성과를 내라

아마존의 리더십 원칙은 약간의 변화('혁신' 대신 '발명하고 단순화하라', '인재에 대한 높은 기준' 대신 '최고의 인재를 채용하고 육성하라')를 통해 원래 가치를 계승하면서 의미를 강화했다.

많은 회사들은 추상적인 개념으로 경영원칙을 만드는 경우가 많지만, 아마존은 명확하고 구체적인 설명으로 경영원칙을 정의했다. 대부분의 조직에서 기업문화가 고상한 구호 정도로 전락하는 중요한 이유 중 하나는 이를 너무 추상적으로 설명하거나 정의하기 때문이다.

아마존은 14가지 개별 리더십 원칙에 대해 리더에게 기대하는 행동을 매우 구체적으로 밝힌다. 예를 들어 '고객에 대한 집착'이 의미하는 바는 무엇일까?

"리더는 어떤 일이든 고객이 필요로 하는 것에서부터 시작해야 한다. 리더는 고객의 신뢰를 얻고 유지하기 위해 열심히 노력해야 한다. 리더는 경쟁자들에게는 주의를 기울여야 하고, 고객들에게는 집착해야 한다."

'최고의 기준을 고집하라'는 어떤 의미일까?

"리더는 집요하게 높은 기준을 고집해야 한다. 많은 사람들은 이러한 기준이 턱없이 높다고 생각할 수 있다. 리더는 지속적으로 기준을 높여 자신의 팀이 고품질의 제품, 서비스 및 프로세스를 만들어내도록 이끌어야 한다. 리더는 결함이 다음 과정으로 넘어가지 않도록 문제를 바로 해결해야 한다."

이렇듯 자세한 설명은 아마존이 다른 기업들과 매우 다르다는 것을 명확하게 보여준다. 이처럼 구체적이고 상세한 설명이 없다면 리더십 원칙은 비록 고상하지만 비현실적이고 추상적인 용어들로 이루어진 문장일 뿐이다. 아마존처럼 현장에서 명확하고 구체적인 행동들로 구체화해서 설명하면 누구나 실천할 수 있는 원칙이 된다. 보다 명확하고 구체적인 설명은 문화, 가치, 원칙과 같은 추상적인 개념을 관찰 가능하고, 검증 가능하며, 측정할 수 있는 지침으로 바꾼다.

직원이 진정으로 고객에 집착하고 있는지 아닌지를 판단하기는 어렵지만, 그가 고객중심으로 일을 시작하는지, 그가 끊임없이 경쟁사에 주의를 기울이는지, 습관적으로 기존 역량에서 시작하는지는 알 수 있다. 또한 고객의 신뢰를 얻고 유지하려고 노력하는지, 아니면 단기적인 이익이나 자신과 부서의 성과에 우선순위를 두는지도 알 수 있다.

직원이 가장 높은 기준을 고집하는지 역시 판단하기 어렵다. '높은' 기준과 '가장 높은' 기준을 어떻게 측정할 수 있을까? 앞서 제시한 설명을 사용해보면 명확한 판단을 할 수 있다. '많은 사람들이 턱없이 높은 기준이라고 생각할 정도인가? 계속해서 기준을 높이고 있는가, 아니면 현 상태에서 만족하고 있는가? 결함이 나타났을 때 근본 원인을 파악해 문제가 다시 나타나지 않도록 하는가, 아니면 임시 처방을 했기 때문에 나중에 같은 문제가 나타날 것인가?"라는 질문을 던져보면 명확히 드러난다.

아마존처럼 개별 리더십 원칙을 이렇게 분명하고 구체적인 행동으로 설명해서 보다 용이하게 실행에 옮기는 것을 '문화 조작화'라고 부른다.

따라서 이 책의 부록에 있는 '아마존의 14가지 리더십 원칙'을 모두 읽어볼 필요가 있다. 대다수의 경영리더들이 적어도 한두 번 이상 읽어볼 가치가 충분하다. 아마존의 14가지 리더십 원칙들 중에서 어떤 원칙이 도움이 되고, 현재의 사업과 기존 조직을 어떻게 향상시킬 수 있을지 생각해볼 수 있는 좋은 기회가 될 것이다.

강제 메커니즘을 만들어라

어떻게 하면 리더십 원칙을 기업이 성장하는 것과 동시에 일관되게 실행할 수 있을까? 아마존에서 사용하는 효과적인 접근법 중 하나는 '강제 메커니즘'이다.

우선 조직에서 강화하고자 하는 핵심 가치, 문화, 원칙의 목록을 작성하고, 명확하고 구체적인 행동에 대한 설명으로 각 항목을 조작화하는 것이 그 시작이다. 많은 기업들이 이미 이렇게 하지만, 구성원들이 적극적으로 실천하지 않기 때문에 좌절을 경험하는 경우가 많다. 따라서 리더십 원칙을 실행하는 데 있어서 성공여부를 결정하는 중요한 요인은 구성원의 실천을 담보할 수 있는 방안을 찾는 것이다.

아마존은 조직의 모든 구성원들이 아마존의 가치와 원칙을 실천하도록 하기 위해서 간단하지만 효과적인 강제 시스템을 만들었다. 아마존의 영원한 제1원칙인 '고객에 대한 집착'을 예로 들어보자.

- **주간 점검** : 매주 베조스는 임원들에게 같은 질문을 한다. "우리가 고객을 위해 더 잘할 수 있는 것은 무엇일까?" 그는 예외 없이 매주 이렇게 묻는다.

- **빈 의자** : 아마존 초창기 베조스는 고객들이 직접 회의에 참석할 수는 없더라도, 빈 의자를 회의가 진행되는 방 안에 둠으로써, 고객들의 관심사를 항상 고려하고 철저히 대변해야 한다는 것을 모든 사람들에게 끊임없이 상기시켰다.

- **보도자료** : '경영원칙 4: 완전히 획기적인 발명 기계'에서 언급했듯, 신제품이나 서비스 개발을 담당하는 모든 프로젝트 팀은 보도자료를 작성한다. 여기에는 타깃 고객을 정의하고, 고객의 관점에서 구매해야 할 이유와 제품 또는 서비스의 장점을 기술해야 한다.

- **콜 센터 교육** : 매년 일부 매니저들은 이틀간의 콜 센터 교육에 참여해야 한다. 고객과의 직접적인 상호작용은 고객들의 불만 사항을 직접 이해하는 데 도움이 된다. 또한 상당한 성공에도 불구하고 아마존은 여전히 지속적으로 개선되어야 함을 겸손히 인식할 수 있는 기회가 된다.

- **피드백 추적** : 요즘 같은 디지털 시대에 무작위로 올라오는 고

객의 인터넷 게시물은 순식간에 입소문이 날 수 있다. 부정적인 고객의 글은 적시에 제대로 처리하지 못하면 재앙이 될 수 있다. 이를 방지하기 위해 아마존은 수백만 달러를 투자해 고객의 피드백을 체계적으로 실시간 추적할 수 있는 시스템을 구축했다.

• **안돈 코드**: 아마존 고객관리팀에는 한 제품에 대해 유사한 고객 불만 사항이 지속적으로 접수되면 안돈 코드(문제가 생기면 작업자가 즉각 생산 라인을 멈추고 문제를 해결하도록 하는 도요타의 품질관리 기법-옮긴이)를 당길 수 있는 권한이 있다. 고객관리팀 직원은 그 제품을 웹사이트에서 일시적으로 삭제할 수 있다.

도요타 생산 시스템에서 채택한 이 방법은 일선 직원에게 결함이 있는 것으로 보이는 제품을 즉시 홈페이지에서 삭제할 수 있도록 권한을 부여하는 것이다. 제품 페이지는 결함의 원인이 확인되고 수정된 후에만 복구될 수 있다.

물론 판매 페이지에서의 제품 삭제는 단기적으로는 해당 팀의 매출실적에 타격을 주겠지만, 베조스는 이 방법을 전폭적으로 지지한다. 그는 "문제를 제대로 처리하지 못하는 판매업체라면 그만한 대가를 치러야 한다"고 강조했다.

• **자동 환불**: 고객 불만이 온라인에 게시되거나 콜 센터를 통해 전달되기 전이라도 서비스나 제품이 수준 이하인 것으로 밝혀

지면, 아마존의 자동화된 시스템은 고객에게 환불할 수 있다.

"우리는 기준에 미치지 못하는 고객 경험을 제공한 경우를 찾아, 고객에게 선제적으로 환불하는 자동화 시스템을 구축한다. 한 업계 평론가는 최근 아마존으로부터 다음과 같은 자동 이메일을 받았다. '고객님께서 아마존 VOD로 〈카사블랑카〉를 시청하시는 동안 비디오 재생이 원활하지 못했음을 발견했습니다. 불편을 드려 죄송하며, 2.99달러를 환불해 드렸습니다. 다시 저희 서비스를 이용해주실 수 있기를 바랍니다.' 우리의 적극적인 환불에 놀란 그는 그 경험에 대해 '아마존은 내가 시청 중 비디오 재생이 원활하지 못했다는 것을 알았다. 그리고 아마존은 그 때문에 내게 환불해주기로 결정했다. 놀라웠다. 아마존의 고객 우선주의는 정말 대단하다'라고 썼다."

– 2013년 주주서한에서

모델을 제시하라

앞에서 언급한 메커니즘들 외에도, 조직을 매일 이끌기 위해 가장 효과적인 강제 메커니즘은 기대되는 행동을 모델링하는 것이다.

베조스는 자신이 제시한 모델대로 실천하기 위해 노력한다. 자신이 제시한 턱없이 높은 기준을 지키고 그 기준마저 뛰어넘어 고객의 이익을 우선시하려는 그의 집요한 열정은 아마존의 DNA 형성에 엄청난 영향을 미쳤다. 또한 아마존의 고객에 대한 집착을 완전히 새로운 차원으로 끌어올렸다.

베조스가 고객에게 영향을 미치는 문제에 얼마나 단호한지를 보여주는 수많은 일화가 있다.

[가격 책정]

모두가 잘 알다시피 '상시 저가 판매'는 월마트의 비밀 무기 중하나다. 베조스는 이를 월마트에서 배워 디지털 버전으로 업그레이드했다. 아마존에서는 가격 봇이 온라인상 경쟁사의 가격을 수집해아마존의 가격을 자동으로 조정함으로써, 경쟁사보다 항상 최저가격을 유지할 수 있게 한다.

아마존의 한 임원은 베조스에게 '최저가 상품을 판매하는 타 경쟁 소매업체의 재고가 바닥나도 아마존이 상시 저가 정책을 계속시행해야 하는지'에 대해 물어본 적이 있다. 이익을 더 남길 수 있는데 굳이 최저가로 판매할 필요가 없는 것 아니냐는 임원의 말은 타당한 것이었다.

하지만 베조스는 그 말에 반대했다. 그는 고객들이 마지못해 높은 가격을 받아들이겠지만, 아마존에 대한 나쁜 기억은 훨씬 더 오래 갈 것이라고 말했다. 고객들이 어떻게 생각하고 느낄 것인지에소홀하지 않는 자세는 그가 생각하는 가치가 무엇인지를 보여준다.

아마존의 리더가 어떻게 행동해야 하는지, 리더십 원칙에 명시된바와 같이 고객의 신뢰를 얻고 유지하기 위해 어떻게 행동하고 노력해야 하는지를 베조스가 몸소 보여준 좋은 사례다.

2012년 AWS가 고객의 이용 상황을 모니터링하고 성능 개선, 보안 강화, 비용 절감 등에 대한 조언을 해주는 서비스인 'AWS 트러스티드어드바이저'를 출시한 것도 같은 이유 때문이다. 실제로 아마존은 고객이 자신들의 비용을 절감할 수 있는 방법들을 적극적으로 찾아내어 알리고 있다.

베조스는 "우리의 가격 책정은 고객의 신뢰를 얻는 것이 목적이지, 최대한 단기 이윤을 남기려는 것이 아니다"라고 말했다.

[물음표가 붙은 이메일]

아마존에는 비상사태의 심각성 정도를 나타내는 공식 시스템이 있다. 심각도 수준은 낮음 단계인 5에서 시작해서 최대 단계 1까지 있다. 하지만 이 수준을 뛰어넘는 최고의 심각도 단계가 있다. 맨 앞에 '물음표'가 붙은, 베조스가 직접 보내는 이메일이 그것이다.

베조스는 자신의 이메일 주소를 공개해 고객들이 불만사항을 그에게 직접 전달할 수 있도록 했다. 그는 특정 이슈가 그의 관심을 끌 때마다 이메일 맨 앞에 물음표를 붙여 담당자에게 보내곤 한다.

누구든 베조스로부터 물음표 메시지를 받으면 하던 일을 모두 내려놓고 즉시 진상을 파악해 문제를 영구히 해결할 수 있는 방안을 내놓아야 한다. 애초에 왜 그 문제가 발생했는지, 그리고 어떻게 해야 그런 문제가 향후 절대 발생하지 않을 것인지에 대해 철저히 분석해서 베조스에게 제시해야 한다.

이것은 문제 해결 방안임과 동시에, 고객의 목소리를 항상 아마존 내부에서 들을 수 있도록 하는 방법이다.

[핑크색 아이팟]

어느 해에 아마존은 크리스마스 시즌에 대비해 애플에 4,000개의 핑크색 아이팟을 주문했다. 하지만 11월 중순 애플은 부품 문제를 이유로 해당 제품을 아마존에 제 때 납품할 수 없다고 통보했다.

만약 당신이 책임자라면 이런 상황에 대해 어떻게 반응하겠는가? 대다수의 기업들은 먼저 고객들에게 주문 지연이 예상됨을 알리고 사과하는 동시에, 해당 사안은 자사의 잘못이 아니고 자사가 할 수 있는 일이 거의 없다는 것을 알릴 것이다. 상당히 정중하고 손색이 없는 대응이다.

이 정도는 전 세계의 많은 기업들이 일반적으로 취하는 해결책이다. 그러나 진정으로 고객에 집착하고, 고객을 즐겁게 하기 위해서라면 어떤 것도 마다하지 않고 헌신하는 아마존의 기준으로는 상당히 부족한 것이다.

아마존은 핑크색 아이팟 4,000개를 미국 전역의 소매업체에서 사들여 다시 포장한 다음, 고객들에게 약속했던 대로 정시 배송을 했다. 재무적인 측면에서 보면 말이 안 되는 것이지만, 베조스는 망설임 없이 해당 팀에 전폭적인 지원과 승인을 해주었다. 이런 의사결정은 아마존의 리더십 원칙에도 부합하는 동시에, 베조스가 희망하는 올바른 조치였다.

기억에 남는 상징과 보상을 발명하라

기업의 가치, 문화, 원칙을 어떻게 직원들의 기억에 남도록 할 수 있을까? 자사 경영의 핵심요소를 완벽히 구현한 직원들에게 어떻게 보상해야 할까? 아마존은 조직을 만드는 데 있어서도 집요한 발명욕을 발휘하고 있다.

- **만년 시계**: 베조스는 텍사스주 서부의 한 바위산에 '기념비적인 규모의 만년 시계'를 건설하는 프로젝트를 개인적으로 후원하고 있다. 그는 이렇게 말했다.
"만년 시계는 특별한 시계로, 장기적인 사고를 상징하기 위해 디자인된 시계다. 1년에 한 번 초침이 움직이는 시계로, 분침은 100년마다 움직이고, 1,000년에 한 번 뻐꾸기가 나와서 운다. 인류의 기술개발 수준은 이제 경이로울 뿐만 아니라 재앙을 만들어 낼 수 있을 정도로 발전했다. 인류에게는 미래를 내다보는 장기적인 사고가 더 필요할 것 같다."

- **저스트 두 잇 상**: 베조스는 신속하게 결정하고 실행하라는 리더십 가치를 강화하기 위해 '저스트 두 잇 상Just Do It Award'을 제정했다. 이 상의 특이한 점은 수상자에게 수여하는 상품이다. 끊임없이 검소함을 강조하는 베조스답게 그는 나이키 운동화를 상품으로 주자는 독특한 생각을 떠올렸다. 흥미롭게도 이 상은 많은 아마존 직원들이 탐내고 자랑스러워하는 상이다. 수상자

들은 자신이 받은 상을 대개 사무실의 눈에 잘 띄는 곳에 진열한다.

- **문짝 책상 상**: 아마존에서 문짝 책상은 절약을 상징한다. 문짝 책상은 베조스가 데스크톱을 놓기 위해 문짝으로 책상을 만들었던 초창기 시절을 떠올리게 한다. 문짝 책상 상Door Desk Award은 '고객에게 더 낮은 가격을 제공할 수 있는 훌륭한 아이디어'를 낸 사람들에게 주는 상으로서, 문짝 책상을 축소한 모형을 시상한다.

베조스는 강력한 상징물을 집요하게 찾는다. 2009년 아마존의 연례 주주총회에서 베조스는 '전구'를 사용하여 절약을 의미하는 새로운 상징물로 만들었다. 그는 "모든 자동판매기는 판매 상품을 더 매력적으로 보이게 하려고 필요 이상으로 밝은 전구를 사용하고 있다. 그래서 우리 직원들은 모든 주문이행센터를 다니며 자판기에서 전구를 모두 빼냈다"라고 말했다.

이를 통해 예상되는 전기 요금 절감액은 단지 수만 달러에 불과했다. 비용 자체보다는 이를 통한 메시지가 대단히 크고 명확해서, 직원과 주주 모두가 절약의 의미와 기준이 무엇인지를 매우 구체적으로 이해하게 만드는 효과가 훨씬 더 컸다.

　　　　•　　•　　•

　지금쯤이면 아마존의 경영관리시스템을 구성하는 6가지 원칙이 총체적으로 이해됐을 것이다. 영원한 Day 1 문화는 아마존이 지난 25년 동안 성취한 결과물이자 지금의 아마존을 가능하게 만든 동력이다.

　아마존이 고객 집착 비즈니스 모델(경영원칙 1)을 지속적으로 구상하고, 지속적으로 인재의 기준을 높이는 인재풀(경영원칙 2)을 육성하고, AI 기반의 데이터 및 측정지표 시스템(경영원칙 3)을 구축하고, 완전히 획기적인 발명 기계(경영원칙 4)가 되고, 신속하고 탁월한 의사 결정(경영원칙 5) 메커니즘을 만들어낸 것은 모두 Day 1 정신에서 비롯됐다.

　Day 1 정신은 아마존 임직원들로 하여금 현재보다 더 나은 것에 도전하도록 장려한다. 또한 새롭고 독특한 빅 아이디어를 끊임없이 찾고, 끈질기게 발명하고, 실험하고, 다시 시작하고, 반복하도록 자극한다.

　영원한 Day 1 정신은 비록 처음에는 작은 시작이지만, 결국 큰 결과를 맺게 할 것이다. Day 1 정신에서 출발한 이 모든 노력과 결과는 다시 영원한 Day 1 문화에 대한 확신을 키울 것이다.

　베조스가 세심하게 설계한 다른 시스템들과 마찬가지로, 아마존의 경영관리시스템 또한 선순환을 일으키는 플라이휠이다.

아마존 경영관리시스템 체크 리스트

경영원칙	아마존의 방법
1 고객 집착 비즈니스 모델	• 온라인 및 오프라인 **플랫폼, 생태계, 인프라** 공급자 • **기본 원리**: 고객 집착, 고객을 위한 발명, 장기적인 사고, 현금 창출 능력
2 조직의 인재 기준을 계속해서 높여주는 인재풀	• **정의**: 빌더, 주인의식, 강인한 정신력 • **채용**: 바 레이저, 엄격한 프로세스, 셀프 선택 메커니즘 • **동기 부여**: 빌더의 꿈의 직장, 젊은 인재들의 천국, 높은 기준
3 AI 기반 데이터 및 측정지표 시스템	• **단일 진실 공급원** • **측정지표**: 세분화, 엔드투엔드, 실시간, 인풋 추적, 측정지표 담당자 선정 • 의사 결정을 자동화할 수 있는 **강력한 AI 기반 디지털 도구**
4 완전히 획기적인 발명 기계	• **끊임없는 발명 추진**: 과감한 새 역량 학습, 과감한 카니발리제이션, 과감한 큰 실패 • 지속적인 빅 아이디어 발굴 및 구축(보도자료), 적합한 프로젝트 리더 선택, 같은 공간에서 상근할 수 있는 피자 두 판 규모의 다기능 팀
5 신속하고 탁월한 의사결정	• **두 가지 유형의 의사결정** 타입 2 결정: 속도가 중요, 측정지표 담당자가 결정, 승인이 필요한 경우 최대 한 단계 위의 승인 절차 타입 1 결정: 몇 가지 결정에 집중, 최고의 진실 찾기, 가능한 변화 상상, 집단 사고와 싸우기, 소신 있는 반대 또는 헌신. • 조직 전체가 탁월한 의사결정을 할 수 있도록 하기 위해서는 **일관된 원칙과 방법론(6페이지 보고서)**을 분명히 밝히고 모든 결정에서 이를 적용해야 한다.
6 영원한 Day 1 문화	• **Day 2 문화를 막기 위해**: 고객에 대한 집착, 프록시에 저항하라, 트렌드를 수용하라. 신속한 의사결정을 하라, 무사안일주의와 관료주의를 없애라, 의존관계의 주인이 돼라. • **영원한 Day 1 문화 구축을 위해**: 문화를 조작화하라, 강제 메커니즘을 만들어라, 모델을 제시하라, 기억에 남는 상징과 보상을 발명하라.

FOREVER
DAY 1

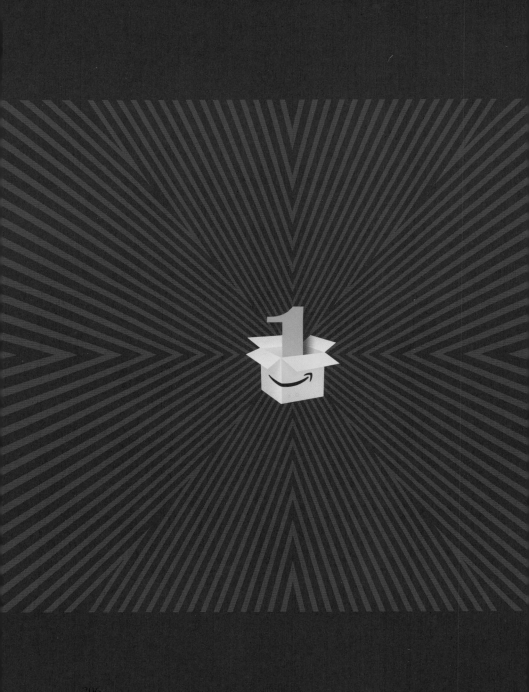

부록

아마존의 9가지 경영 및 의사결정 접근법

1997년 베조스가 처음으로 보낸 주주서한 중

아마존은 장기적인 사고를 강조하므로 다른 회사들과 차별화된 결정을 내릴 수 있다. 따라서 우리는 주주 여러분이 자신의 투자 철학과 일치하는지 확인하도록 우리의 기본적인 경영 및 의사결정 접근법을 공유한다.

- 우리는 계속해서 집요할 정도로 고객에게 집중할 것이다.

- 우리는 눈앞의 수익이나 증권가의 단기적인 반응보다는, 장기적으로 시장을 주도할 수 있는지를 기준으로 계속해서 투자 결정을 할 것이다.

- 우리는 프로그램과 투자의 효과를 지속적으로 측정해서, 합리적인 수익을 보이지 않는 프로그램을 폐기하며, 가장 효과가

좋은 프로그램에 대한 투자를 강화할 것이다. 우리는 성공과 실패 모두에서 계속 배워나갈 것이다.

• 주도적 우위를 확보할 가능성이 충분하다고 판단되는 시장에 서는 소심한 투자보다 과감한 투자 결정을 내릴 것이다. 이 투 자 결정 중 성과를 거두는 결정도 있고 그렇지 않은 결정도 있 겠지만, 우리는 어느 경우든 또 하나의 소중한 교훈을 얻게 될 것이다.

• 일반기업회계기준GAAP에 따라 수익을 최대한 좋게 보이도록 하 는 것과 미래 현금흐름의 현재가치 극대화 중 하나를 선택해야 할 때, 우리는 현금흐름을 택할 것이다.

• 과감한 선택(합리적인 범위 내에서)을 할 경우, 우리의 전략적 인 사고 프로세스를 공유해 주주 여러분이 우리가 합리적인 장기 투자를 하고 있는지 여부를 스스로 평가할 수 있도록 할 것이다.

• 우리는 현명하게 지출하고 군살을 뺀 문화를 유지하기 위해 열 심히 노력할 것이다. 우리는 특히 순손실이 발생하는 사업의 경우, 비용에 주의하는 문화를 지속적으로 강화하는 것이 중요 함을 잘 알고 있다.

• 장기적인 수익성 확보를 통한 성장과 자본 관리에 균형 있게 집중할 것이다. 현 단계에서는 성장을 우선시하기로 선택했다.

규모가 우리 비즈니스 모델의 잠재력을 실현하는 데 중심이 된다고 믿기 때문이다.

• 다양한 재능을 가진 능력 있는 직원들을 채용하고 유지하는 데 계속해서 집중하고, 이들에 대한 보상을 현금보다는 스톡옵션 위주로 할 것이다. 우리는 아마존의 성공이 무엇보다 의욕 있는 임직원을 끌어들이고 유지하는 데 달려 있음을 잘 알고 있다. 아마존 임직원들은 한 사람 한 사람이 주인처럼 생각해야 하고, 실제로 주인이 되어야 한다.

아마존의 14가지
리더십 원칙

우리는 새로운 프로젝트를 위한 아이디어를 논의할 때도, 문제 해결을 위한 최선의 방법을 결정할 때도 매일 리더십 원칙을 사용한다. 이것은 아마존을 특별하게 만드는 요소 중 하나다.

1. 고객에 집착하라

리더는 어떤 일이든 고객이 필요로 하는 것에서부터 시작해야 한다. 리더는 고객의 신뢰를 얻고 유지하기 위해 열심히 일해야 한다. 리더는 경쟁자들에게는 주의를 기울여야 하고, 고객들에게는 집착해야 한다.

2. 주인의식을 가져라

리더는 주인이다. 리더는 장기적인 사고를 하고, 단기적인 결과를 위해 장기적인 가치를 희생하지 않아야 한다. 리더는 자신의 팀을 넘어 회사 전체를 위해 일해야 한다. 리더는 절대 "그건 내 일이 아니다"라고 말하지 않아야 한다.

3. 발명하고 단순화하라

리더는 자신의 팀에게 혁신과 발명을 기대하고 요구하며, 단순화할 수 있는 방법을 항상 찾아야 한다. 리더는 외부에 대해서 시야를 열어두고, 모든 곳에서 새로운 아이디어를 찾아야 하며, NIH 증후군Not Invented Here (내부에서 직접 개발하지 않은 기술이나 연구성과는 인정하지 않는 배타적 태도를 일컫는 말-옮긴이) 으로 제한적인 시각을 갖지 않아야 한다. 우리는 새로운 개발을 할 때, 우리가 오랫동안 오해 받을 수도 있음을 받아들여야 한다.

4. 리더는 대부분 옳다

리더들은 대부분 옳다. 리더는 강한 판단력과 좋은 직관을 가지고 있어야 한다. 리더는 다양한 관점을 구하고 자신의 신념이 편향적이지 않다는 증거를 찾아야 한다.

5. 배우고 호기심을 가져라

리더는 결코 배움을 멈추지 않고 항상 자신을 향상시키려 노력해야 한다. 리더는 새로운 가능성에 호기심을 가지고 탐구해야 한다.

6. 최고의 인재를 채용하고 육성하라

리더는 모든 채용과 승진에서 기준치를 끌어 올려야 한다. 리더는 뛰어난 인재를 발굴해 조직의 필요한 곳에서 일할 수 있도록 적극적으로 노력해야 한다. 리더는 리더를 육성하며, 다른 사람들을 이끄는 자신의 역할을 진지하게 고려해야 한다. 우리는 '커리어 초이스(아마존의 주니어 직원들이 관련 분야에서 학위를 취득할 때, 회사가 95%의 비용을 지원하는 제도)'와 같이 직원들의 발전을 위한 교육 프로그램들을 발명해야 한다.

7. 최고의 기준을 고집하라

리더는 집요하게 높은 기준을 고집해야 한다. 많은 사람들은 이러한 기준이 턱없이 높다고 생각할 수 있다. 리더는 지속적으로 기준을 높여 자신의 팀이 고품질의 제품, 서비스 및 프로세스를 만들어내도록 이끌어야 한다. 리더는 결함이 다음 과정으로 넘어가지 않도록 문제를 바로 해결해야 한다.

8. 크게 생각하라

작게 생각하는 것은 자기만족적인 기대이다. 리더는 영감을 주는 과감한 목표를 만들어서 소통해야 한다. 리더는 다르게 생각하고, 고객에 대한 색다른 서비스를 앞서서 찾아야 한다.

9. 신속하게 결정하고 행동하라

사업에서 속도는 매우 중요하다. 많은 결정과 행동은 잘못됐을 경우 되돌릴 수 있고, 광범위한 조사가 필요하지 않다. 리더는 계산

된 위험을 감수하는 걸 중요시해야 한다.

10. 절약하라

적은 비용으로 더 많은 것을 달성하라. 제약은 지혜, 자급자족, 발명을 낳는다. 인력, 예산, 고정비용 규모가 크다고 해서 더 좋은 결과가 나오는 것은 아니다.

11. 다른 사람들의 신뢰를 얻어라

리더는 주의 깊게 듣고, 솔직하게 말하고, 다른 사람들을 정중하게 대해야 한다. 리더는 스스로를 난처하게 만들 정도로 혹독하게 자신에 대해 비판적이어야 한다. 리더는 자신 또는 자신의 팀에서 나는 체취가 향수 냄새라고 믿지 않아야 한다. 리더는 최고의 리더와 팀을 벤치마킹해야 한다.

12. 깊게 파고들어라

리더들은 모든 업무의 세부사항을 알고 현황을 수시로 점검하며, 측정지표와 실제 상황이 다르면 의문을 가져야 한다. 어떤 업무도 소홀히 지나치지 않아야 한다.

13. 소신 있게 반대하거나 헌신하라

리더는 동의하지 않는 결정에 대해서는 심지어 그렇게 하는 것이 마음 편하지 않고 지치게 하는 일이더라도 정중히 결정에 반대할 의무가 있다. 리더는 확신을 가져야 하고 집요해야 한다. 리더는 결속을 이유로 타협하지 않아야 한다. 일단 결정한 후에는 전적으로 헌신해야 한다.

14. 구체적인 성과를 내라

리더는 사업을 진행함에 있어 핵심적으로 투입되는 것들에 대해 집중하고, 적절한 품질과 적시 공급으로 산출물을 내야 한다. 리더는 좌절에도 굴하지 않고 어려움을 극복하며 결코 안주하지 않아야 한다.

디지털 시대의
리더들에게

우리는 이 책을 흥미롭게 읽은 여러분이 곧 스스로의 디지털 여정을 시작하기를 바란다.

여기저기서 아마존에 대한 이야기들을 많이 들어봤을 것이다. 대부분의 이야기는 정확하겠지만 일부는 과장된 것일 수도 있고, 전체 맥락에서 듣지 못하면 오해의 소지가 있는 이야기일 수도 있다. 그렇기 때문에 우리는 사실을 검증하고, 전체 맥락과 연결해 모든 것을 체계적이고 총체적으로 분석하는 데 많은 시간과 노력을 쏟았다.

명령과 통제를 위해 설계된 과거의 경영관리 방식과 달리, 아마존의 경영관리시스템은 속도, 민첩성, 확장성을 위해 설계되었다. 아마존의 경영관리시스템은 유례없는 속도와 규모의 변화가 특징인 디지털 시대에 살아남고 성공할 수 있는 공식임이 입증됐다.

아마존 경영관리시스템의 모든 것을 맹목적으로 따라하라고 이 책을 쓴 것이 아니다. 우리는 수십 년간의 컨설팅을 통해 개별 기업에 적합한 각각의 경영관리시스템을 찾는 것이 가장 효과적이라는 것을 너무나 잘 알고 있다.

아마존의 경영관리시스템이 생산적으로 작동하는 이유는 무엇일까? 무엇보다 아마존의 창업자 겸 CEO인 제프 베조스와 리더 팀의 가치, 원칙, 특징, 스타일과 가장 잘 맞고, 또한 아마존의 플랫폼 및 인프라 사업의 성격과도 가장 잘 맞기 때문이다.

여러분과 여러분의 회사에 가장 잘 맞는 경영관리시스템은 과연 어떤 것일까? 이 문제에 대해 완벽한 답을 가지고 있는 사람은 아무도 없을지 모른다. 따라서 여러분은 이 문제를 풀기 위해서 직접 실험하고, 반복하고, 스스로 발명해야 한다. 하지만 이 여정을 반드시 여러분 혼자서 감당해야 하는 건 아니다. 이 책을 읽고 우리와 함께 모색해 보자.

여러분의 회사는 언제나 Day 1, 첫날임을 기억하라.

램과 줄리아로부터

위기 때 더 강한 아마존 초격차 시스템

포에버 데이 원

초판 1쇄   2020년 7월 20일
초판 4쇄   2020년 8월 6일

지은이   램 차란 줄리아 양
펴낸이   서정희
펴낸곳   매경출판㈜
옮긴이   고영훈
책임편집   권병규
마케팅   신영병 이진희 김예인
디자인   김보현 김신아

매경출판㈜
등록   2003년 4월 24일(No. 2-3759)
주소   (04557) 서울시 중구 충무로 2(필동1가) 매일경제 별관 2층 매경출판㈜
홈페이지   www.mkbook.co.kr
전화   02)2000-2631(기획편집) 02)2000-2636(마케팅) 02)2000-2606(구입 문의)
팩스   02)2000-2609   **이메일**   publish@mk.co.kr
인쇄·제본   ㈜M-print   031)8071-0961
ISBN   979-11-6484-144-8(03320)

이 도서의 국립중앙도서관 출판예정도서목록(CIP)은 서지정보유통지원시스템 홈페이지(http://seoji.nl.go.kr)와
국가자료공동목록시스템(http://www.nl.go.kr/kolisnet)에서 이용하실 수 있습니다.
(CIP제어번호: CIP2020026721)